U0713037

# 在路上

## 乡村复兴论坛文集（八）
### 松阳卷

罗德胤 主编

中国建材工业出版社

图书在版编目（CIP）数据

在路上：乡村复兴论坛文集．八，松阳卷 / 罗德胤主编．－－ 北京：中国建材工业出版社，2022.8
ISBN 978-7-5160-3362-3

Ⅰ．①在… Ⅱ．①罗… Ⅲ．①城乡建设－松阳县－文集 Ⅳ．① F299.21-53

中国版本图书馆 CIP 数据核字（2021）第 239466 号

在路上：乡村复兴论坛文集（八）·松阳卷
Zai Lushang: Xiangcun Fuxing Luntan Wenji（8）· Songyang Juan
罗德胤　主编

出版发行：中国建材工业出版社
地　　址：北京市海淀区三里河路 11 号
邮政编码：100831
经　　销：全国各地新华书店
印　　刷：北京印刷集团有限责任公司
开　　本：710mm×1000mm　1/16
印　　张：11.75
字　　数：170 千字
版　　次：2022 年 8 月第 1 版
印　　次：2022 年 8 月第 1 次
定　　价：59.80 元

本社网址：www.jccbs.com，微信公众号：zgjcgycbs
请选用正版图书，采购、销售盗版图书属违法行为
**版权专有，盗版必究。**本社法律顾问：北京天驰君泰律师事务所，张杰律师
举报信箱：zhangjie@tiantailaw.com　举报电话：（010）57811389
本书如有印装质量问题，由我社市场营销部负责调换，联系电话：（010）57811387

# 编 委 会

策　划：乡村复兴论坛组委会

主　编：罗德胤

副主编：孙　君　刘文奎　李永良

编　委（按姓氏笔画排序）：

　　　　Vimalin Rujivacharakul　王求安　孙　娜
　　　　李峥嵘　佟令玫　陈长春　洪金聪　夏雨清

工作组（按姓氏笔画排序）：

　　　　王　郑　王业鹏　孔菊叶　卢锦涛　李　阳
　　　　李君洁　李凯旋　李　璐　杨金花　杨莎莎
　　　　杨烜子　时苏虹　张守坤　陈思越　赵晓贝
　　　　顾远祯　钱明烨　郭雪莲　章　曲　温　瑜
　　　　谢谱国

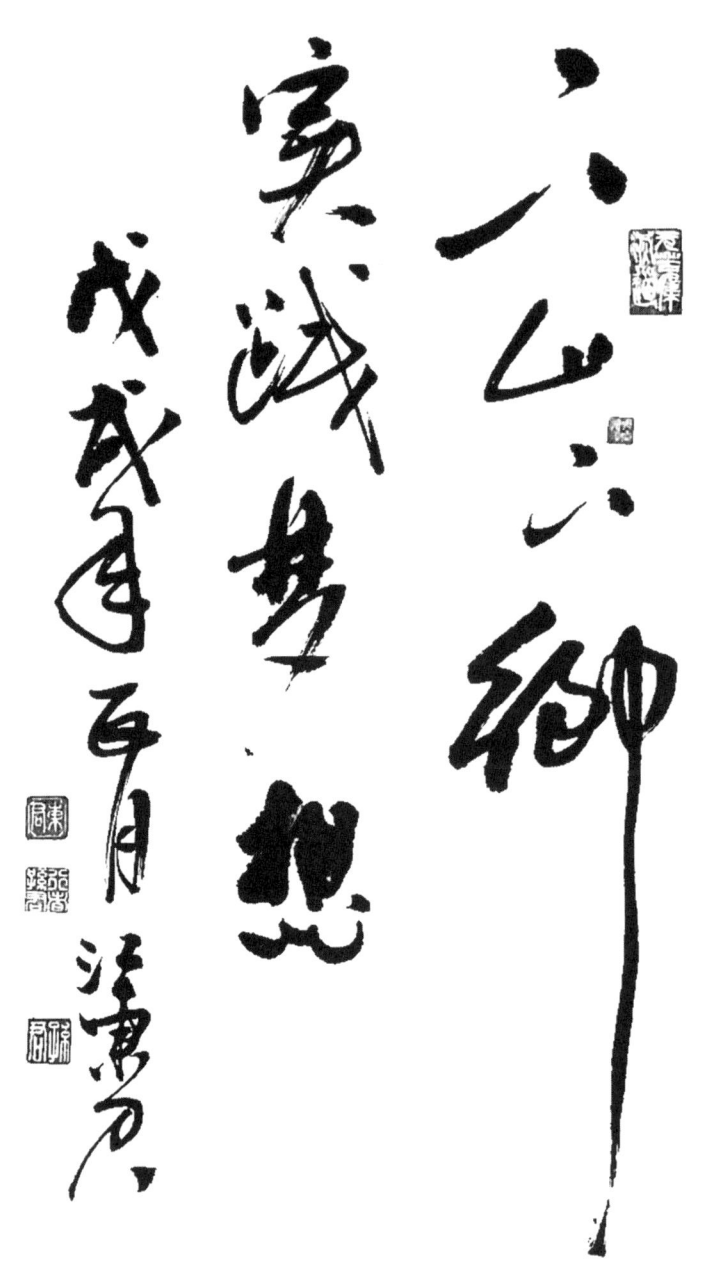

北京绿十字发起人、总顾问孙君为乡村复兴论坛题字

# 序　　言

## 擦亮绿水青山底色，为乡村振兴事业贡献经验

李汉勤

中共松阳县原县委书记

传统村落是中华文明的宝库，也是我国农耕文明的精粹和中华民族的精神家园。但是在城镇化快速推进的过程中，大批传统村落走向落寞，甚至消亡。保护和发展传统村落成为摆在国人面前迫在眉睫的课题，再不保护，这些东西就没了。

近年来，国家日益重视并加强了传统村落的保护发展工作，先后公布了5批共6819个国家级传统村落。松阳地处浙西南山区，松阳县位于丽水市，可以说是丽水之始，尽管现在全面脱贫了，但相对来讲经济还是欠发达。当然，松阳的贫困条件和中西部地区还是不一样，松阳的人均GDP、农民收入等排在全国中等以上。

松阳也是典型的山区县，有着丰富的传统村落资源，是华东地区名城、名镇、名村体系最完整的地区之一，其中国家级传统村落有75个，这个数量在全国位居第五位。

这些年来，松阳以传统村落为切入点，积极探索文化引领的乡村振兴，系统开展了风貌保护、有机更新、新业态植入和传统文化的保护传承等工作，取得了阶段性的成效，先后被列为中国传统村落保护发展示范县、全国传统村落保护利用试验区和"拯救老屋行动"整县推进试点县。"拯救老屋行动"工作被写入中共中央和国务院的《乡村振兴战略规划》。

在工作中，我们坚持以"五个赋能"全面加速乡村振兴。

一是产业赋能。松阳立足乡村资源优势,积极推进山景、山居、山货等生态资源产业化,先后形成了"茶叶、香榧、油茶"三大主导产业,茶叶有13.7万亩,香榧和油茶也都是10万亩的规模。特别是茶产业,已成为松阳农民特别是低收入农户增收致富的重要支撑。松阳县城有中国最大的绿茶交易集散地,2020年交易量达到了8万吨,交易额62亿元。2021年一季度产量和销售量均接近全年的四成,茶叶的销售量在增长,销售的价格也在增长,涨幅接近四成,这是很令人欣喜的。目前,全县203个行政村中超过半数的乡村植入了新的业态,包括民宿、文创、康养等,这也是非常让人欣喜的。

二是数字赋能。松阳抢抓数字经济发展机遇,出台系列扶持新政策,大力发展以农村电商、直播经济为代表的数字经济,一大批生态农产品通过插上数字化的"翅膀",走出深山,俏销市场。2020年,松阳的网络零售额同比增长了32.8%,这个数字在浙江省也是名列前茅。松阳已连续五年被阿里研究院评为"中国电子商务发展百佳县",也成为国家电子商务进农村综合示范县。

三是改革赋能。松阳大力推进乡村发展体制机制改革创新,千方百计推动乡村生态产品价值转换、集体经济发展壮大和农民在地增收致富。在乡村治理方面,创新"民情地图促服务"模式,实现"走村不漏户、户户见干部、干部比服务"。相关做法入选国家级社会管理与公共服务标准化试点,成为国家基层社会治理研究样板。

四是文化赋能。这些年,松阳突出文化引领,创新开展"百名艺术家入驻乡村"行动计划,引进国内外具有较高知名度的艺术家常态化入驻乡村、开展创作。我们全面挖掘和传承优秀传统文化,所有的村落都有文化密码,都值得我们去保护,去发现,去发掘。所以,松阳建立了"乡乡有节会、月月有活动"的民俗文化展演机制。比如竹林剧场上演国家级"非遗"节目,还有每年的元宵节之后,选一个良辰吉日摆设一百多桌的长龙宴,这也是民俗。借此我们打响了"永不落幕的民俗文化节""永不闭馆的乡村博物馆""永不停歇的乡野运动场"三大文化品牌。"乡村变迁:松阳故事"多次亮相国际高水准展台,得到了国际社会普遍赞誉。我们曾在联合国大会上做推介,松阳的一些建筑也进入了威尼斯建筑双年展。

五是人才赋能。乡村振兴,人才是关键。这些年,我们邀请和吸引了一大批人才，尤其是一大批从事建筑设计、文化创意、生态农业、中医药等的优秀人才深度参与乡村振兴，打造了一批乡村精品示范样板和热门网红打卡点。特别是清华大学建筑学院和清华同衡的团队，带头在松阳做了一批示范样板项目。松阳还在海拔800多米的高山村引进了一家先锋书店，各地的粉丝、网红络绎不绝，培育了一批"农创客""文创客"。近五年，松阳乡村人口回流了6400余人。

在推动中国传统村落的保护发展方面，行业专家们做了大量的奠基性、建设性工作。比如，住房城乡建设部原总经济师赵晖，对松阳的传统村落保护发展工作一直给予大力的关心和支持；全国人大监察和司法委员会委员、民革中央组织部部长叶赞平，用了十余年的时间，完成了《走向记忆的山村——浙江松阳山村纪实影像》一书，用镜头为我们留下了宝贵的乡村图志；清华大学建筑学院副教授罗德胤多次深度参与松阳的一些精品项目设计，还有其他的一些老师和团队，为松阳的传统村落保护发展做出一定的贡献。

传统村落的保护发展很难，工作很苦、很累，是一项长期而艰巨的事业。我们做得也不够，有很多的问题，包括人才、资金等，尽管我们看到了但目前还很难得到彻底解决。对于松阳县来讲，经济条件还算好，农民收入还算高，但是我们也面临很多的困难、问题、困境和不足。在新的发展阶段，怎样进一步加强传统村落的保护发展，推动在保护基础之上的乡村发展和乡村振兴，这是一篇大文章，也是我们来到乡村复兴论坛关注的最核心的一个命题。新时代我们要在加强乡村保护的基础上推动发展，再通过发展来推动保护。光保护不发展，乡村便很难保护好，光发展不保护，也不行。我始终认为保护和发展是一个辩证的一体两面的关系，这也是一个新的时代命题。我们这代人，尤其是作为地方党和政府的当家人、主要负责人，我们应该要有这样一种使命、责任和担当，否则前对不起古人，后对不起后人。

为了加强自然和文化资源科学保护和合理利用，我们也在思考，并提出了一项新的命题。我们提出打造国家传统村落公园制度，这也算是抛砖引玉。这个概念行不行？好不好？对不对？请各位专家、学者批评指正。目前我们国家没有国家传统村落公园的概念，只有国家公园和国家文化公园的概念。国家公园是基于生态领域、生态系统的，国家文化公园是基于非物质文化遗产的，聚焦文化类的。

我们国家传统村落公园里既有物质的，又有非物质的，又有文化的，应该说是一个全方位的概念。我们也咨询了相关的专家，这恰恰是我们国家的一块空白领域，所以提出打造国家传统村落公园的概念，主要目的是进一步整合国家公园制度和传统村落保护发展机制，不能总叫试验区、示范区，不能总是在尝试，总要有一个正式的名号、名称。这个名称对不对、好不好，想请大家批评指正。

努力开辟出一条以国家传统村落保护发展为主线的国家文化公园建设新路子，进一步为中国的传统村落保护发展作出应有的贡献，我们想继续做好探路者，争当模范生。浙江松阳县处于长三角地区，与其他一些县相比，我们的经济条件、经济基础，包括我们一些政府层面的工作机制，包括老百姓的一些文化自觉程度，相对来讲还是处于比较领先的位置，具有较好的基础。

我们对国家传统村落公园的初步设想是：以"统筹、整合、联动"为理念，以"全域化、品牌化、景区化"为导向，运用"跨山统筹、创新引领、问海借力"三把金钥匙，继续着力破解传统村落保护与发展之间的矛盾，努力打造全面展现中国乡村独特韵味和乡村振兴战略成果，让人民共享美好生活的美丽花园、文化乐园和幸福家园。特别是全国人民代表大会通过的"十四五"规划中，浙江省作为"长三角一体化发展"国家战略的参与者和推动者，被列入国家共同富裕的示范区，这是"十四五"规划给我们浙江省的一个使命。完成这一使命，短板就在我们这些地方，如果我们这些地方把工作做好，把传统村落保护好、利用好、发展好，那么浙江省共同富裕就会很快实现。我们响应国家战略号召提出这样的命题：我们虽然是一个基层的县级单位，但要有国家意识，针对于传统村落的保护问题，要有历史的纵深感，也要有历史的责任担当，要真正把国家战略落地落实，也为我们国家，为党和人民增光添彩。

围绕这个目标，我们接下来想重点开展以下六个方面的工作。

一是着力振兴乡村产业。我们想立足乡村资源优势，注重数字技术在乡村发展中的运用，大力发展高品质生态农业、民宿经济、文化创意、运动休闲、养生养老、数字经济等新业态，形成"一二三产"深度融合的乡村新型业态，也让手机成为新农具，网红成为新农民，直播成为新农活。为什么我没有讲怎样修房子，怎样保护农村呢？因为松阳已经有一套非常成熟的机制了，我们不招投标、不出施工图，由浙江的古建院以及一些专业团队在做，我们没有搞大拆大建，而是提出了"微改造，精提升"的理念，维持这些建筑的外立面，形态不变，在里面装一些新内容，装一颗强有力的"心脏"，而这个强有力的"心脏"会对村落进行更好地保护。我们通过推动乡村产业，为我们传统村落的发展全面赋能。因为我们始终这样认为，没有发展就没有保护，农村不发展，就只能一天天衰败下去，没有人气也没有活力。

二是优化乡村生态环境。我们按照"点穴激活、串珠成线、辐射全面"的思路和"一心一带五区"的总体布局，提升乡村建设规划，严格规划管控，保护"天人合一"的整村风貌和"田园—山水—村落"的完整格局。我认为保护的不仅仅是某一栋房子，某一个点位，某一个村，还要将整个县域传统的农耕文明形态保护起来，将古城、古镇、古村包括原来天人合一的生态环境保护起来。这里本就是一个桃花源，具有其独特的、稀缺的美，我们更应该保护好这里的自然环境。保护环境，保护原来的一种风水格局，是至关重要的。所以我们将继续以"微改造、精提升"行动为抓手，深化美丽乡村建设，加强生态环境保护与基础设施建设，着力打造山清水秀、鸟语花香的现代版《富春山居图》。这幅图就是一幅典型的传统村落，看得见的乡愁。

三是兴盛乡村传统文化。文化自信是最中心的自信，传统村落里有中国传统文化的密码，只要我们细细去探寻、挖掘、品味、修复，就能找到文化密码。没有文化的东西就没有生命力，我们接下来想全面实施"艺术创作交流、传统文化保护、文化产业振兴、文化品牌培育、文化人才培养"五大工程，尽管干这些活儿还要不断投入，甚至没有回报，但我们要有这样的担当，保护好那些原本的民俗民风，再不去保护就逐渐消失了，我们要进一步把它挖掘好、保护好、传承好，也加快文化的活化传承。产业化仅仅是我们要做的一个很小的方面，还要加强国内国外的文化对外交流。外国人对中国特有的东西特别感兴趣，有很多东西他们感到很新奇，西欧、北美的建筑手法与我国完全不一样，我们要讲好中国故事，讲好松阳故事。

四是加快惠民富民进程。始终把让人民群众过上高质量幸福生活作为出发点和落脚点，为什么保护老村？为什么拯救老屋？最终还是要让老百姓富裕，过上好日子，老百姓的感受是我们始终关注的重点。这些年我们持续深化"三农"领域改革，建立健全农民分享全产业链增值收益机制，以农民组织化提升带动村集体经济发展，从而全面巩固和提升脱贫攻坚成果，加快构建共同富裕机制。包括外来的一些投资商，一方面让他们有序进入，另一方面等他们来了以后一定要严格按照我们的规则、我们的机制来有序地参与。不能任由他们想怎么搞就怎么搞，我们不欢迎这样的。

更重要的是，无论外来的还是本地的投资商，进入乡村后，我们积极组织和倡导他们和我们的村民形成一个利益共享。这方面我们也有比较多的成功实践。村民不一定用资金投入，他们的房子也是资产，办民宿、办文创，包括前面讲的数字经济，外来投资商总要用到粮食，用到蔬菜，用到鸡鸭鹅等，村民可以做养殖。在松阳，外来的一些投资商也好，本地青年也好，进入乡村回归乡村后，跟当地村民的和谐度还是很高的。在当地做民宿，我们会鼓励大家一起来做，这样村民家家户户都有收益。否则这样的好山好水好环境都让一家来独享，这不是我们想要的，也不是我们党委政府提倡的。这些情况我们都考虑在前面，这几年也一直都在坚持这么做。

有很多外来的投资商觉得我们有情怀，主动来跟我们这样的地方政府合作。我们有一些想法，是其他地方没有的，有些地方是盲目地招商引资，你来就行。我们不盲目，"捡到篮子都是菜"的招商引资的时代在松阳已经结束了，现在叫"选商引资"。保护好我们的村落是前提，在这个前提下，再去谈发展。同时也吸引了一大批有识之士和有情怀的企业家来投资。他们的想法是来这里也不一定要赚多少钱，尽可能盈收平衡就可以了，保护这里才是最重要的。我们的要求也非常严格，县里成立了一个机构叫作"名城老屋办"。在所有的项目进入之前，所有的装修图纸都要会审，否则不能动工，我们建立了一整套的把关机制。

五是推进城乡融合发展。我们以城乡一体化发展为重点，推进乡村特色片区组团发展，加强交通、水利、信息技术等配套基础设施建设。这些现代的元素加进去以后，老百姓才会有更多的幸福感、获得感，否则这个乡村就是孤立的、孤独的，甚至是落后的代名词。建筑是传统的，但其他的生活方式、生活水平、生活质量都应该是高水平高质量的，是跟城市相当的，甚至要超过城市，从而加快构建"区域联动、跨界统筹、内聚外联"的县域发展新格局。我们的格局要放大,把我们的传统村落打造成一些有归属感、舒适感、现代感的未来社区,把传统和现代、古老与现代文明、现代科技整合在一起,实现交相辉映。

六是加强乡村社会治理。乡村治理是非常重要的,我们提出要全面加强基层党组织建设,提升社会矛盾纠纷调处化解能力;要坚持"主客共享",更加注重多元主体共同参与;要加强村风民风建设,倡导"自治、法治、德治"相结合的理念。这几年我们也在系统地梳理、推进,真正做到小事不出声,邻里之间的小纠纷通过家里长辈调节就解决了。

以上几点想法是我们对建设国家传统村落公园的初步思考和想法,请大家多多提出宝贵意见和建议。我们热诚欢迎大家到松阳走一走、看一看,"松阳走一走,活过九十九"。

# 前　言

## 以松阳之名，讲中国故事

罗德胤
清华大学建筑学院副教授
乡村复兴论坛主席

　　松阳有 75 个中国传统村落，大多保留完整且规模不大。由于山区环境的特点，不少村子特别"上相"（图 1）。丽水地区的摄影家，从 20 世纪 90 年代就把松阳山区村落作为摄影基地。这些村子的照片，在住房城乡建设部评审传统村落时发挥了很好的作用。也正是有这些丰富的传统村落资源，松阳被住房城乡建设部列为"传统村落保护发展示范县"，又被国家文物局列为"传统村落保护利用试验区"。中国文物保护基金会也把"拯救老屋行动"项目的首个整县推进试点放在了松阳。

　　松阳在村落保护和乡村振兴上走出了一条独具特色、初见成效的路径，和其他地方努力将古村落保护与观光旅游相结合不同，松阳古村落保护表现出与建筑师及设计结合更紧密，更注重县域文化整体效应，也更强调村民主体的特点。

　　2020 年 9 月 6 日，《建筑学报》在松阳陈家铺村召开了一场研讨会，专门就"松阳路径"进行了深入探讨，出版了《松阳特集》，于 2021 年 1 月刊出。我们发表在建筑学报的文章探讨了松阳的"文化高地战略"是怎么设想、落实、探索出来的。大致分三个板块：文化品牌、设计策略、艺术策略。

前　言

图1　松阳传统村落（杨家堂村）

**一、文化品牌**

2010年，松阳县政府就提出要建设"千年古县·田园松阳"，这是松阳的第一张文化品牌。

2013年4月，《中国国家地理》以《最后的江南秘境》为文章题目，系统地介绍了松阳的古村落。这成了松阳的第二张文化品牌。松阳第一次有全国知名度，就是从这篇文章开始的。江南在中国人心中有特殊的文化意义，代表了中国传统文化曾经到达的高度。在这一点上，往传统的高度上靠是一种很好的宣传策略。

2014年我和团队承担松阳县传统村落总体规划的课题。经过一系列的考察和调研后，我们希望形成一个有高度的、能反映松阳特色的概括性名称，这就是"古典中国的县域标本"，算是松阳的第三张文化品牌。"古典中国县域标本"的论证文章，最初发表在《瞭望新闻周刊》上（图2），主要是从郡县制的空间单元的角度，综合分析了全县域的古村古镇和非物质文化遗产。单个村而言，松阳是不突出的，但全县域的整体感是非常好的，尤其是在江南边缘的这个位置上，使得它在文化上具有了跨越性，一方面它有很好的正统文化（比如祠堂和文庙），另一方面有非常地方的乡野性（比如地方庙宇和民俗），可以很好地体现"中国"的意义。

13

图 2　发表在《瞭望新闻周刊》2015 年 10 月 26 日第 43 期的文章

2020 年年底，李汉勤书记提出要建设松阳的"国家传统村落公园"，这是第四张文化品牌。

松阳跟其他地方相比有两个特点：一是注重挖掘和体现自己的独特性；二是要具有全国高度的文化定位。文化高度的文化定位在中国有特殊作用，它能够比较有效地、快速地汇集各方的社会资源，把事做成。确定一个合适的文化定位，让全县上下达成共识，才不会来回反复，消耗资源。

## 二、设计策略

设计策略是松阳实现文化定位的重要桥梁和路径。

第一组项目是 2014—2015 年平田村的集群设计。县政府把平田村的规划任务交给了我们。当时的经验也并不丰富，能想到的办法之一是把朋友都叫来。我先在同学群里发了邀请，徐甜甜和何崴有了响应。紧接着又加入了王维仁老师和许懋彦老师，以及负责照明设计的张昕老师、负责室内设计的李海虹老师。平田村这些外表上看来没什么差别的房子，经过不同设计师改造之后，内部风格差异很大。对于一个比较统一而单调的村落来说，内部多样性很重要，它能够增加吸引力（图 3 ~ 图 5）。

图3 四合院餐厅（王维仁设计）

图4 木香草堂
（许懋彦、李海虹设计）

图5 平田爷爷家青旅（何崴设计）

王维仁教授是一位非常稳妥的设计师,他设计的四合院餐厅只在跨院的角上加入现代化的手法,目的是让人从四合院内看到平田村两棵标志性的古树。许懋彦老师设计的房子比较有日本民宿的温暖感。何崴老师设计的青年旅舍,一层是兼作咖啡馆的公共空间,二层是宿舍,很有年轻人的气息。徐甜甜老师的作品,光影效果显著,她把两幢特别破的民房改成了农耕博物馆和艺术家工作室。很多人因为设计的多样性来参观,多样性也提供了更丰富的体验,运营管理的人也有了更好的抓手。经过两年的规划设计,平田村的面貌恢复得比较好,旅游业慢慢开展起来了,村民的信心也回来了。

第二组项目是以徐甜甜为代表的设计。她的理念是用建筑针灸来治理乡村——怎么扎、扎哪儿就很关键。在大木山,她"扎"了一个竹亭,非常现代的抽象几何形,但又非常传统,形式是源于传统的坡屋顶,材料是简单的竹子。这就把传统、地方和现代结合起来,实现了连接传统和未来的感觉(图6)。到了兴村,她"扎"了一个红糖工坊(图7)。聚光灯的使用强化了舞台效应,使得剧场感特别强烈,带来了网络传播和兴村红糖知名度的提高。这个设计项目产生了一个没想到的效果——红糖从每斤七八块钱涨到了25块钱。通过这个项目,徐甜甜一下子打开了建筑设计跟当地产业的关系,于是又设计了豆腐、白酒等一系列的工坊。

### 三、艺术策略

松阳有很多工作是往艺术方向发展的,其中有个代表人物是邱少敏。2007年他到松阳成立美术写生基地,此后与上百个美术院校建立了合作关系。松阳的写生业是因为他才做起来的。后来他立志成为艺术策展人,组织了全国艺术高校院长论坛。论坛办到第五届的时候,开始做国际艺术策展。县政府也开始跟进,策划了"百名艺术家计划",把国内外的艺术家请到村里来激活乡村(图8)。

台湾生活美学家王翎芳和导演徐尧鹏,就是通过"百名艺术家计划",把他们的美学基地工作室安排在了平田村。他们用"左手拍片、右手做饭"的模式培养年轻人,还教会村里的中老年妇女做面包。一位鲍阿姨,通过王翎芳老师的培训,已经可以打理好一家咖啡馆。每天下班之后,她自己要坐下来喝一杯咖啡才回家。

图 6 大木山竹亭(徐甜甜设计,DnA 供图)

图 7 红糖工坊(徐甜甜设计,DnA 供图)

图 8 当代国际艺术展（邱少敏总策划，2017，松阳县政府供图）

这是一种生活状态的改变。还有建筑师张雷老师，他在陈家铺设计了先锋书店。一个书店开到村里，居然成为长期的网红打卡点。

依靠一系列的创造性活动，松阳展现出相当有想象力的局面。尤其是徐甜甜老师的设计作品，很快得到国际关注，在德国办了展览之后又得到联合国人居署的认可。2019年5月27日至31日，首届联合国人居大会在肯尼亚首都内罗毕举行，100多个国家和地区的3000多名代表参会，松阳作为中国代表，展示了城镇化挑战下的城乡融合发展实践与经验。

松阳的经验，是通过设计来连接传统和现代，把历史传统和场地特征跟现代性结合，重塑文化形象。松阳给外界的感觉，不只是古村落众多、传统文化厚重的家园，还是对未来有想象力的先锋阵地。中国现在已经到了"不能光是秀肌肉，还要人性化地把故事讲好"的阶段。让别人认可中国文化的内涵，才能获得更高的国际地位。在这方面我们承担着重大责任。

# 目　　录

序言 ················································································ 李汉勤 / 5

前言 ················································································ 罗德胤 /12

## 第一章　乡村·综合

乡村振兴，关键在改革 ·············································· 赵　晖 /002

非遗保护与乡村振兴 ················································ 马盛德 /006

完全以村民为主体的乡建实践 ··································· 王求安 /010

一种乡村振兴、遗产活化及城市更新的整体实施模式

　　——以文里松阳项目为例 ···································· 彭海东 /018

## 第二章　乡村·实践

统筹、互补、融合——关于乡村振兴的几点思考 ········· 张玉坤 /028

形式追随经济——乡村建设低技可逆性建造 ··············· 谭刚毅 /033

喂，你错过松阳了 ···················································· 夏雨清 /041

无集体，不经济 ······················································· 陈长春 /047

墟里·徐岙底——乡村社区的实践与未来 ···················· 小　熊 /053

## 第三章　乡村·学术

演变中的乡土建筑 ···················································· 王　路 /062

有为和无为——乡村振兴中参考者角色的思考·················李 渢 /066

两河口彭家寨：土家盐道古村的复兴之路················赵 逵 /071

振兴出战略 乡建在升级································关瑞明 /075

乡村振兴齐鲁样板背景下，山东传统民居的文化特色与传承········姜 波 /079

遗产保护与身份认同：从理性主义到民族国家··············潘 曦 /087

乾隆年间的一次"乡村振兴"····························刘文炯 /096

美国乡土建筑保护······································黄川壑 /103

## 第四章 乡村·路径

村落保护和乡村振兴的松阳路径················罗德胤 孙 娜 付敬诺 /122

# 第一章 乡村·综合

# 乡村振兴，关键在改革

赵　晖
住房城乡建设部原总经济师

**内容摘要：** 本文围绕乡村建设的发展过程，介绍了农村建设三个阶段的规律，以及我国所处的阶段，并对未来中国乡村的发展趋势展开了若干思考。
**关 键 词：** 新农村建设；乡村环境治理；乡村改革

## 一、近 15 年乡村建设概要

乡村振兴有一个发展过程。2005 年十六届五中全会提出加快社会主义新农村建设，当时明确提出"三农"工作是全党工作的重中之重，并提出了二十字方针。从此之后，中央对"三农"的投入资金大幅加大，对农村基础设施建设的投入逐步增大，支持的范围也逐步扩大，陆续包括了水、路、电、气、房等。可以说中国政府对农村基础设施建设的较大规模投入，是从这个时间点开始的。总体来看，那时候新农村建设的深度和质量还是有局限性，主要原因是经济能力有局限。

第二个阶段是 2012—2017 年。中央在社会主义新农村建设的提法下启动了新一轮推进工作，农村人居环境治理领域学习浙江"千村示范、万村整治"经验，掀起了新高潮。在浙江桐庐召开了全国第一次农村人居环境整治的现场会，之后每两年召开一次全国现场会，时任国务院副总理汪洋同志出席并进行工作部署。住房城乡建设部具体负责牵头，会同多部委协力推进。这一阶段的乡村振兴力度大大增强。一是地方强有力的领导机制建立起来了，各省都建立起了以省委书记或省长为组长的领导小组，中央的指导检查机制也运转起来了；二是与第一阶段以中央投入为主的状况相比，地方特别是各省级的投入明显加大。这一阶段是我国农村人居环境面貌变化十分显著的时期。比如 2014 年全国 60% 的村庄垃圾处于无人管的状态，到 2019 年垃圾得到了收集转运处理的村庄达到了 90% 以上，全国各地村容村貌明显改观。

2017 年之后，中国共产党第十九次全国代表大会和"十四五"规划相继提出了乡村振兴，2021 年又颁布了《中华人民共和国乡村振兴促进法》，相信乡村振兴的力度会进一步加大。

## 二、农村建设三阶段规律和我国所处的阶段

日本、欧洲学者总结本国农村建设发展历程，发现一个共性，即各国都分别经历了三个阶段。第一阶段是基础设施建设阶段，如水、路、电等；第二阶段是环境治理阶段，如垃圾污水治理和农村生态治理；第三阶段是乡村景观和乡村文化及观光旅游发展阶段（图1）。

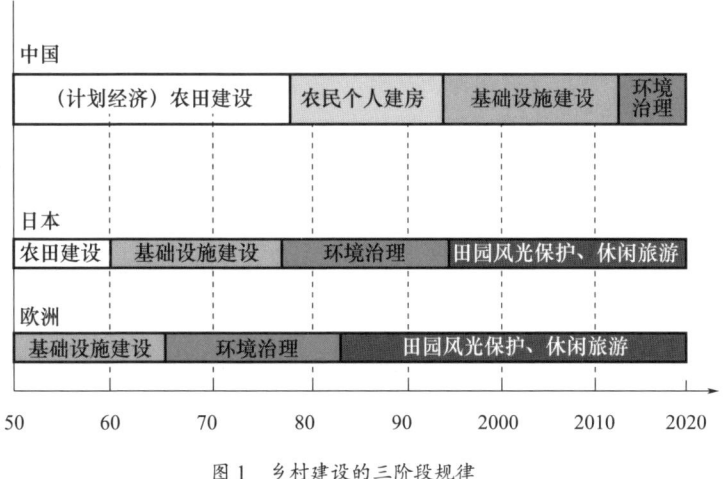

图1 乡村建设的三阶段规律

我国农村建设过程也符合三阶段规律。总体来看，目前我国农村处于第二个阶段的中期，即环境治理阶段的中期。这一判断是基于我们对全国农村建设的详细调查。我们每年会对全国村庄的人居环境进行一次调查。目前大部分农村已经完成通路、通电、房屋安全等基础设施建设，只有少数地区没有完成；环境治理方面，垃圾治理覆盖率达到90%以上，厕所改造还不到80%，实现污水治理的村庄不到30%。汇总结果显示，处于第一个阶段的村庄占33%，处于第二阶段的村

庄占53%，已经进入第三个阶段的村庄占14%。中共中央及国务院关于农村人居环境治理的两个文件，在指导思想部分也都强调了这一判断，提出以改善农民基本生活条件为底线，即以完成第一阶段任务为底线；以乡村环境治理为重点，即全国大多数村庄应以第二阶段任务为重点；以美丽乡村建设为导向，即目前第三阶段任务还是导向，只能在有条件的地区开展。这就明确了我们当前的工作重点。预计完成第二阶段任务还需要10年左右，而全国实现美丽乡村要到21世纪中叶。

### 三、对未来中国乡村趋势的若干思考

有一个令人思考的现象：前一阶段，从事乡村建设的同事们干得热火朝天，农村面貌发生了很大变化，大家积极性很高，但最近大家对农村未来反而开始有些担心和忧虑。虽然国家对乡村建设的投入日益加大，农村的房子、设施与环境一年比一年好，却留不住人，只能眼睁睁地看着农村空心化、老龄化日益加剧。许多同事的老家人种地纯收入只有数几百元，不能维系生活，都外出打工了。第七次全国人口普查显示，人口向经济发达地区特别是向头部城市集中的趋势在加剧，中西部地区的地级市以下人口净流出速度也在加快。我国城乡发展力和吸引力，从人口流动上来看差距在拉大。即使一些发达地区质量很高的美丽乡村，其常住人口也不到20%，且都是老人。像浙江松阳这种发展得不错的乡村，占全国村庄的比例是很小的（图2）。当然城镇化是必然趋势，但中国乡村不断空心化、

图2　乡村风貌（云上平田供图）

留不住人的趋势看不到尽头。

未来村庄肯定会分化，国际上如此，我国也同样。靠近城市的村庄不会消失，甚至人口会增加，如珠三角一带的村庄，当然其功能也会变化；平原地带大农业区的村庄也不会消失，但人口会逐步减少；偏远山区的村庄，少部分可通过发展乡村旅游业等生存下去，如有文旅资源且必须保护的传统村落，更多的村庄空心化程度将日益加剧。在这个分化过程中，长期生存并发展下去的村庄的重要共性之一是附加价值更高的二三产业进入乡村。

中国农村衰落的一大因素是二元体制，优秀资源向城市"单向通行"。许多情况下，优秀资源向农村是"禁止通行"，如房屋自由买卖及城市人稳定入乡、以县城为中心的二三产业一点集中式布局。农村只有农业、农村只有农民，这是中国特有的局面。在城乡均衡发展的发达国家，城乡只是人口产业分布密度上有差异的空间，而不是人口产业性质上有差异的空间，因为他们没有城乡二元制障碍。

松阳模式很成功，在中国也有代表性，通过文化引领振兴乡村，通过发展文旅让城里人下乡旅游，但这种城乡融合局限于一种临时型的融合，不是长期稳定型的融合。

未来中国乡村振兴的根本举措是改革，要打破二元制障碍，让城乡发展机会均等化。要让乡村地区也有二三产业，要让在乡村生活的人也能挣到与在城里差不多的钱，才能从根本上解决留不住人的问题。这里涉及农村土地制度改革、城里人下乡择居权问题、县域规划和产业布局理念与政策等问题，此外农村规模化经营也应再次提到改革议程上来。目前我国的土地流转成本相当高，农村一亩地要支付承包权所有者的费用高达近千元，种粮食是赚不回来的，自然非农化。从我国农村长远走势看，从客观发展规律看，农村一些重大问题改革应加以研究思考。

# 非遗保护与乡村振兴

马盛德

中国传统村落保护发展专家指导委员会副主任委员

**内容摘要**：本文围绕非物质文化遗产（以下简称"非遗"）保护，讲述了我国非遗保护的二十年成果，以及以人为载体，活态保护的非遗传承理念。

**关 键 词**：非物质文化遗产保护；活态传承；传统村落保护

2021年对非物质文化遗产保护事业来说是特别重要的一年，有三个重要的时间节点：一是2001年中国昆曲入选联合国教科文组织人类口头和非物质文化遗产代表作，成为我国非物质文化遗产保护概念下推进保护工作的重要时间节点，带来了我国非物质文化遗产保护的伟大事业，到2021年正好20年；二是2006年国务院批准设立文化和自然遗产日，每年6月的第二个星期六被定为中国的文化和自然遗产日；三是2011年6月1日全国人大批准中国的《非物质文化遗产法》颁布实施，从此中国的非遗保护走入了法治化的轨道，到2021年正好10年。这三个重要事件跟当下的非遗保护关系密切。

非遗是全世界爱好和平的国家和人民的共同要求，它关系到国际交往中的平等、和平共处、相互尊重、共同发展的前景，非遗保护关乎人类的共同利益。非遗有国际层面的重要意义和价值，因此由联合国教科文组织来推动保护。

非遗更是我国人民的精神家园、文化符号，它关乎到中华民族文脉的传承，因此由国家层面在文化建设领域开展"非物质文化遗产保护"这项意义重大的工作。在政府主导下，得到了专家学者的学术支持和广大民众的广泛参与。经过20年的不懈努力，中国非遗保护取得的成果举世瞩目，非遗保护工作成为文化建设的一大亮点。下面从三个方面介绍以人为载体，活态保护的非遗传承理念。

## 一、非遗的学术概念

目前，我国文化遗产保护有三大系统：一是以物为主要载体的物质文化遗产，由国家文物局牵头推动；二是物质和非物质并存，自然生态和文化生态相融合的传统村落，由住房城乡建设部牵头，文化和旅游部、国家文物局、农业农村部推动；三是以人为主要载体，以活态保护为主要方式的非物质文化遗产，由文化和旅游部推动。

"非物质文化遗产"概念来自英文的三组词，Intangible、Cultural、Heritage，可译为无形文化遗产、民间传统文化、民间创作、口头和非物质文化遗产等。我国最初在起草《中华人民共和国民族民间传统文化保护法》时称之为"中国民族民间文化保护工程"；2004年中国正式加入《保护非物质文化遗产公约》，"非物质文化遗产"概念逐渐取代了"中国民族民间文化"的传统概念。

**二、非遗是活态传承的、可持续性的**

"非物质"概念在英文和法文里的词根叫不可触摸，韩国和日本称之为无形财产，可以说非遗是不可触摸的、无形的，比如二十四节气、中医国医大师望闻问切的技艺是看不见、摸不着的，但它存在经验的积累和传承。

2003年，中国"古琴艺术"申报为联合国教科文组织人类非物质文化遗产代表作名录时，有人问到，古琴是物质，为什么申报成为非物质文化遗产？我们说，古琴是物质，但我们申报的是古琴艺术，不是古琴这个乐器，古琴艺术包含了琴的制作技艺、演奏技艺、演奏仪式、琴谱以及音乐交流、审美愉悦等。2019年文化和自然遗产日期间，中国艺术研究院举办了"枯木龙吟·让古琴醒来"音乐会，演奏家用1000多年的古琴演奏出龙吟般的音乐，假如某天因天灾人祸等不可抗拒因素导致珍贵的古琴没有了，但只要琴师在，古琴艺术不会因为琴的消失而中断，可见"人"的传承是非遗保护中至关重要的因素，是非遗保护的核心。

2021年2月，云南佤族自治县翁丁村老寨发生了严重火灾，翁丁佤寨应是中国部落文化最后的活体，是佤族文化的活态博物馆，也是佤族文化的原生地，被《中国国家地理》杂志誉为"最后的原始部落"。这里有两项国家级非遗项目：一是佤族创始神话《司岗里传说》，二是佤族的《木鼓舞》。幸运的是火灾没有造成人员伤亡，传承人还活着，这样佤族的非物质文化可以得到传承。

这些都体现了非遗保护的核心——"人"。世世代代的人世世代代地传承，非遗才能持续存活。我国总共有十大类别 87 万个非遗项目，数量庞大，因此保护难度也非常大。有人说非遗不能动，要原汁原味，这种观点没有理解非遗的真谛，如果汉字保持几千年的原汁原味的话，就退化回归甲骨文了。非遗并不是一成不变的，它随着人适应周围环境，在历史与自然的活动中不断被再创造。

### 三、非遗应是充满生机的、活着的

松阳传统村落保护的经验，给我们提供了一个非常好的典型案例，即传统村落的改进和改造要尊重周边的生态环境，要尊重当地民俗和非物质文化遗产，还要尊重当地老百姓的意愿。这种结合需要认真研究，逐步推进。

需要注意的是，非物质文化遗产只要"还有一口气"就不能关进博物馆，进到博物馆意味着它已经离开了群体的民族生活，鲜活的生命走向结束。就像保住了老房子但人不住在那里，民俗歌舞等非遗事项完全空缺，空房子是没有意义的（图 1）。

因此，一方面，我们处在 21 世纪，就要全面吸收各种文化，要分享现代化给我们带来的成果。落实到传统村落上，首先要解决的是居住环境的问题，上下水、通电、取暖等居住设施的改善是基本条件。非遗保护也好，村落保护也好，核心都是以人为本。不仅要保护好传统村落的基本样态、格局、风貌，更要在改善居住设施的基础上，保护好传统村落的肌理和基因。

另一方面，要关注建筑中人的需求。房子弄好了，文化还要保护好。所以传统村落的保护还要重视非物质文化遗产的保护。一个村落里有习俗，有邻里之间相互的交流，还有当地歌舞、民俗等表演艺术的一些活动，这才是充满生机的、活着的传统村落（图 2）。

纵观 20 年来的中国非遗保护实践，最有感触的是，我们没有在非遗保护的方向和理念上出现大的偏差和问题，中国的非遗保护工作保持着平稳有序，健康发展的态势，始终得到了广大民众的积极支持和拥护。这是最值得庆幸的一件事。培育全社会、全民的整体保护意识，营造一种人人尊重文化遗产的社会文化生态和风气，是非遗保护走向可持续的关键所在。

第一章 乡村·综合

图1 中国木拱桥传统营造技艺

图2 端午节赛龙舟

# 完全以村民为主体的乡建实践

王求安

北京安哲建筑设计有限公司创始人、主持建筑师

**内容摘要：** 本文围绕乡建实践这一主题，探讨了以村民为主体、全程参与，依山就势、生态宜居，带动当地产业兴旺的几种乡建实践探索。

**关 键 词：** 村民主体；生态宜居；产业兴旺

我是一名建筑师，做了比较多的乡村建设项目。在乡村工作了这么多年，我有两点特别深刻的体会。第一，村子要想发展好，不是一个人或者一支团队能够实现的。乡村复兴论坛是一个很好的平台，聚集了各个领域的各种人才，一同助力乡村发展。第二，要摆正自己的位置，这几年我们一直以村民为主体作为乡建实践的方向，也就是帮村民建房子。

第七次全国人口普查数据显示，住在农村的人口有 5 亿，农村人均住房面积 47.3 平方米，农村住房总面积达 269 亿平方米。建筑面积特别大，大多没有建筑师或设计单位为他们提供设计和支持。

村民一直是在没有设计师的指导下自建房屋（图1），四十年间，断断续续拆建了四五次。村民的大量财富都消耗在不停拆建的混凝土建筑里，我们是不是可以帮助他们建房子，从另一方面解决乡村的形象和生活方式？这十年间，我们在全国推进了一些整村项目，解决一个村的居住环境。主要分改造和整体新建两种类型。

## 一、村民主体，全程参与

在整村推进项目中，如果能与两类人做好沟通，事情就很容易进行。一类是地方领导，一类是村民。让地方领导支持我们，说服村民进行建设。村民的工作很难，我们探索出了几种办法：

其一，村民大会。我们经常在村民的院子里或广场上开村民大会，村民对规划团队有一种不信任感，我们频繁地和他们交流接触，可以增强村民的信心。（图2）

图1 村民自建的各种房屋

图2 作者团队在村里利用村民大会的机会与村民分享案例与描述乡村未来

其二，建立群聊。我们建立了一个全村人的大群，开始特别喧闹，是一种特别嘈杂的状态，但一段时间后变得比较安静，由此能判断村民开始接受。然后我们建立以家庭为单位的小群，在小群里沟通具体事情。

其三，驻场办公。一个项目全程跟踪两年，团队中的很多同事在村民家里办公，和村民一步步地沟通，甚至帮助村民一起完成采购家具或添置物件等。（图3）

## 二、消隐的乡村设计策略

在十几年前的一次冰灾中，江西高岭村村民被困山上两个月，他们发誓再也不住山上。后来他们撤离村子，全都搬到了县城或镇里住。前几年一个旅友在村里拍了一张银杏树照片，把村子带火了。村里没有服务设施，于是县领导请我们到这里做改造。（图4、图5）

这是一个客家老村子，我们希望设计痕迹不要过重，把消隐感做到位。我们和村民一起慢慢清理场地，甚至一开始施工车子都不能去，全都是用骡子拉，让当地村民自己来建设，用周边材料来砌道路和挡土墙，整治基础环境。这里还需要一个大体量的公共建筑，于是我们想在这里做一个覆土的建筑，依山就势，用当地材料尽量少地影响环境。（图6）

接着是民居改造。客家民居有一个限制是开间窄，我们把里面的空间全部拆掉，每个房子是几个人或一两个家庭一起住。我们制造了一个场景，有比较大的生活空间。整个建筑的外观保留着客家民居的特点，内部是一个全新的空间。所有的家居强调舒适感和体验感，所有房间都有地暖。目前一期的房子已经建设完成，开始运营。（图7）

## 三、产业兴旺，生态也要宜居

我们与重庆荣昌区河包镇结缘是因为2020年"乡村复兴论坛·修武峰会"。河包镇是西南地区一个普通却不平凡的小镇。不平凡在于，有一条被"藏"起来的古街。我们决定做这个项目的缘由，一是粉条产业，每年有七八亿元的产值；二是有历史文化的建筑，比如白塔、教堂等。（图8）

第一章 乡村·综合

图 3 从土建施工到家具软装配饰的全流程陪伴式跟踪

图 4　高岭村银杏树

图 5　高岭村改造

图 6　高岭村改造后风貌

图 7　高岭村民居改造

我们原先准备先改造古街。调研发现古街一楼还有村民在养猪，这些村民很茫然地坐在街边，生意已渐渐没落。这是一个很有挑战的项目，我们希望通过调研解决心中的疑惑，这个镇经历了什么？由此找到了一个突破点，即房产证问题。镇上的很多房子是在 20 世纪 80—90 年代建成，办证时政策有变化，导致很多人没有办下房屋产权证，房子就变得不易处理。我们和镇里工作人员商量，希望能解决这个问题。（图 9）

河包镇有三百年前的房子，也有 20 世纪 50 年代的红砖房，是一个形态丰富、自然生长的小镇。我们提炼了当地的几种材质，每家每户一对一地沟通、做设计。

图 8　河包镇街景

图 9　河包镇鸟瞰

当村民看到自己房子的效果图时,他会觉得很有参与感。在和村民沟通过程中,采用了一个大群、一个小群的方式。我们剪辑了一个视频,视频有三万多的阅读量、一千多的点赞,评论区还有很多村民的回复。慢慢地把情绪酝酿起来,村民也开始同意我们的设计,改变观念,提出要改造房子。除了把每家每户设计出多样性,镇上的基础设施和景观也做了创意设计,加入了粉条元素。曲线元素成为精神象征,渗透和影响着大家。(图10)

我们在很多项目上能实施落地,得益于政府在政策和基础设施上的支持。我们以村民为主体,自主自建,一对一沟通,一家一家设计。我们不和村民分享运营、民宿相关的事情,而是解决村民们的生活问题,努力为村民实现对美好生活的向往,让他们生活得更舒适。

图10　河包镇民居改造

# 一种乡村振兴、遗产活化及城市更新的整体实施模式——以文里松阳项目为例

彭海东
北京同衡思成投资有限公司创始人兼总经理
文里松阳人文综合体 & 心第精品酒店创始人

内容摘要：本文以文里松阳项目为例，从重构松阳当代文化邻里、探索文里活化更新模式两个方面，探讨了乡村振兴、遗产活化及城市更新的一种整体实施模式。

关 键 词：人文社区；项目运营；遗产引领设计赋能

文里位于松阳县城中心。在文庙和城隍庙所在的街区，文庙和城隍庙自唐代以来便是松阳人的公共活动中心和精神文化中心。历经百年的变迁，这里有不同历史时期的建筑：省级文物保护单位有文庙、城隍庙，老建筑有老县委办公楼、老粮库、老工商银行等，还有青云古道和百年古树。文里历史文化资源深厚，在近现代一直是松阳的政治中心，这个位置对松阳非常重要（图1）。

图1　松阳文里

### 一、人文社区：重构松阳当代文化邻里

文里在过去是精神文化中心，我们根据当代的生活方式，把它定位为"人文社区"，目标是要恢复或复兴它的精神文化中心，重构当代的文化社区。文里对标社区类的项目，从历史文化方面进行梳理，植入地方风物、非遗文化、茶文化、乡村创新、交往空间等内容。同时，恢复和构造大量的公共空间，向社区提供文仓美术馆、童书馆、露天剧场、观景平台等一整套公共空间体系，对所有人免费开放（图2~图8）。

这些公共空间在2020年10月开放后，产生了各种各样自发行为，如晨练、朗读、表演、遛弯儿、观展、婚礼、打卡、看电影、逛市集等，变成了社区自发的中心（图9）。

其中，乡村复兴论坛·松阳峰会的开会地点文仓美术馆，过去是老粮库。老粮库最早是城隍庙的一部分，清代后期改为省牲所，再后来当地乡绅改设为义仓，1949年后变成粮管所的粮库。现在我们把它改造成了"文仓美术馆"，作为综合性学术空间，会议之外还有丰富的展览存在，经常举办艺术展览、雅集和文创活动（图10）。

### 二、项目运营：探索文里活化更新模式

文里对于社区非常重要，能够让社区居民真正拥有幸福感和获得感。文里在探索一种活化利用、更新的模式，我们在统筹实施全过程中有四个环节。

第一环节，投资与合作。文里和松阳县政府形成伙伴关系，其中更重要的是文物和非文物之间的关系。文物仍然还回归政府主体的本能，交付委托我们管理；非文物资产由我们整体策划实施，包括投资者在内，双方共同实施运营现有的街区，实际上是PPP里的ROT模式，即"重构-运营-交还"。

第二环节，策划与设计。我们来松阳的时候，松阳还不是旅游目的地，资源条件很好，但影响力不足，这些年已然成为典型目的地，非常有品牌效应。我们基于松阳的战略，制定以文化引领来重新构建目的地的策略。一是重构乡民的文化认同，构建本土居民目的地；二是城市与乡村文化融合，构建外部社会目的地。在具体实施上有两方面，通过遗产引领，以遗产促进三产，由三产带动一产、二

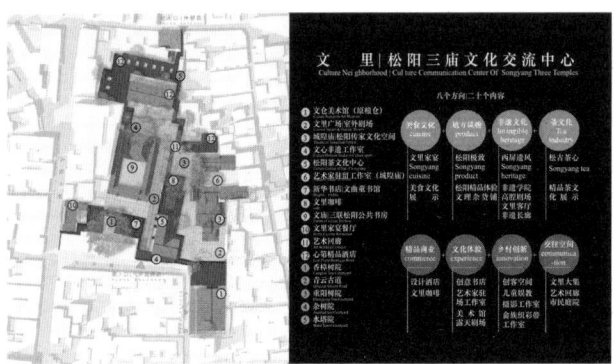

图 2　松阳文里平面示意

图 3　《松阳传家》文化空间（城隍庙）

图 4　文仓美术馆（老粮库）

第一章 乡村·综合

图 5　心第精品酒店（老区委办公楼）

图 6　文里咖啡（新建连廊部分）

图 7　汉仪松阳体文化空间
　　　（老社区办公楼）

图 8 文曲童书馆

图 9 社区公共空间

产，最终实现农、文、旅融合发展。在此基础上，通过设计的手段赋能，以运营的目标打造一种更为新型的场景和产品。

图 10　文仓美术馆

有一个"遗产引领设计赋能"的有趣例子。在20世纪50—60年代，松阳大街小巷有很多独特的手绘门牌，设计师联合著名字体企业重新把字体梳理，做成了首款城市字体"松阳体"。松阳体是国标，公众免费下载，商业使用收费。松阳体设计出来后，以字体为核心的产品也出来了，包括和本地农产品结合，正是遗产促三产，三产带二产、一产的过程（图11、图12）。

第三环节，建造与实施。建造核心实际上是产品落地过程，在乡村遗产项目中，最为复杂的是小型化和非标化，有些东西无法通过传统的地产开发方式来完成，必须通过一种新方式，与策划、运营关系非常紧密。我们在实施建造过程中，做了一个策划、运营、工程、设计的综合性团队，深度参与和管控整个过程，包括现场管理、监管、周边利益协调（图13）。

 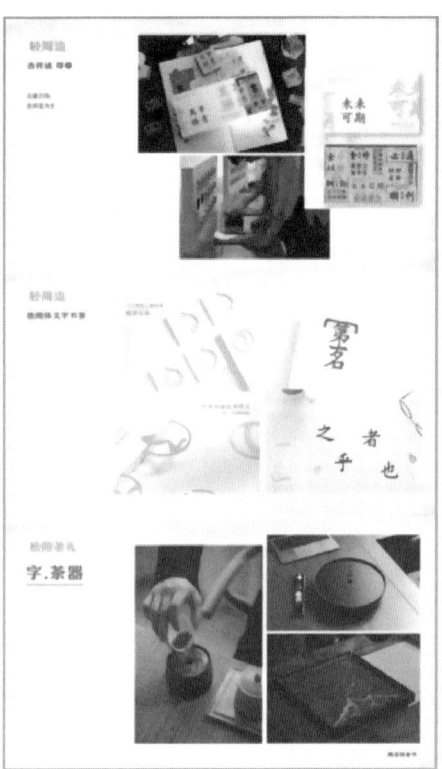

图11　20世纪50—60年代的手绘门牌　　　　图12　松阳体文创产品创作

第四环节，运营与维护。持续运营管理是乡村遗产项目的核心点。在文里的运营上，我们采用了三种方式，平台化运营、陪伴式运营、在地化运营，分别应对外部资源导入、资源嫁接及资源承接三个环节。

平台化运营即创建项目的合作平台，链接产业、人才、资金、媒体，资源导入融合，实现多方共享共建共赢。陪伴式运营，即与当地深入地进行勾连，通过长期的陪伴式辅导，把资源全部嫁接到当地。在地化运营，即建立一个完整的在地运营团队，让他们来实现资源承接，接受所有内容落地，最后在地提升，以在地化的运营推动长期可持续化（图14）。

乡村振兴需要突破短期性、碎片化、行政化的局限，突破资源条件的限制，实现长期可持续发展。在这个前提下，以政府为引领，引入专业机构，以全过程的视野、伙伴化的关系推动项目发展，我想这是实现乡村振兴的一条可能的路径。

图13　Shanthi心第精品酒店（老区委办公楼）

图 14 文曲童书馆和 300 年树龄的香樟树

第二章

乡村·实践

# 统筹、互补、融合——关于乡村振兴的几点思考

张玉坤

天津大学建筑学院教授、博士生导师

**内容摘要**：本文借鉴霍华德的"城市、乡村、城市—乡村"思想，探讨了通过城乡统筹、优势互补走向城乡融合，阐述了关于城镇化和乡村振兴的几点思考。

**关 键 词**：城乡统筹；优势互补；城乡融合

乡村的重要性众所周知，每一年的中央一号文件都是解决"三农"问题。2005年，中国共产党十六届五中全会提出的建设社会主义新农村的重大历史任务时，提出了五点原则和具体要求，即生产发展、生活宽裕、乡风文明、村容整洁、管理民主。2017年，党的十九大提出了关于乡村振兴的二十字五个方面的总要求：产业兴旺、生态宜居、乡风文明、治理有效、生活富裕。新农村建设与乡村振兴，前后两者的基本关系是后者为前者的升级版。

我国1978年实行改革开放，家庭联产承包责任制是20世纪80年代初期在农村推行的重要改革，是农村土地制度的重要转折。后来陆续有新农村建设、美丽乡村、精准扶贫、特色小镇、田园综合体、全域旅游、农旅综合体等一系列举措。1978—2018年，这40年里贫困人口变化的情况，收入水平的提高、消费结构的变化、脱贫减贫的工作成绩有目共睹，问题与困境也显而易见。乡村振兴，振兴什么？

## 一、乡村振兴的出路

根据第七次全国人口普查数据显示，城镇的人口为90199万人，占63.89%；乡村的人口为50979万人，占36.11%。第一产业占7%，36.1%的人口产生出7%的GDP（图1）。20世纪50年代后，农业GDP占比逐年下降，服务业的增长比几乎就能吃掉农业的占比。农村能生活成什么样子？中国城乡的恩格尔系数也可以作为参考，未来居民消费中食品烟酒类支出即恩格尔系数将趋于15%，表明未来农业产品在居民消费中占比越来越少。农业的出路在哪里？乡村的依靠是什么？农产品需求侧的天花板，其变化趋势是否足以支撑未来数十年的乡村发展？

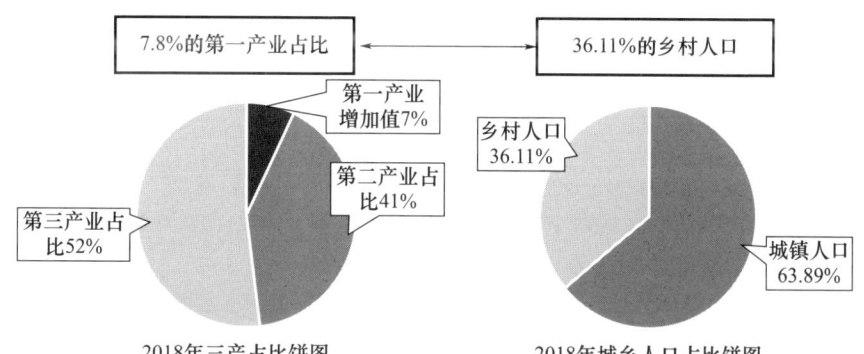

图 1　2018 年三产占比饼图与 2018 年城乡人口占比饼图（图表数据来源：《中国统计年鉴》《中国农村统计年鉴》国家统计局官方国家数据网、中国经济社会大数据研究平台）

我们提倡发展的现代农业，生产效率与农民就业的矛盾怎么解决？怎么解决土地集体所有与农业发展的问题？有没有竞争力？占比 29% 的观光游览和上涨趋势有所减缓的 1304 元/人的城镇居民人均每次花费，是否足以支撑乡村旅游产业发展？也有很多人在推行一村一品、特色小镇，提法不错，但不能盲目追求，一是做不到，日本 1700 多个村落推行的"一村一品"，是中国 240 万村落的前景和出路？中国大部分还都是"一千村一品"。二是特色小镇的特色产业带动力究竟有多大？是否每个村落都有这种特色产业？一村一品、特色小镇路径显然不适合普通村镇发展。面临这些问题，乡村振兴究竟应该怎么办？

**二、城乡统筹、优势互补、城乡融合**

1765 年，以瓦特发明蒸汽机为标志，英国开始了举世瞩目的、影响了全世界经济和社会进程的工业革命。工业革命对商品的制造方式、制造地点带来了本质性的变化，成为城市增长的强力催化剂。自此，工业由原来的分散转为集中，源源不断的农村工人涌向城市，使得英国城市人口的数量激增。快速的城市化导致城市膨胀、交通拥堵、环境恶化，乡村停滞、落后，城市乡村发展极度不均衡。19—20 世纪之交，埃比尼泽·霍华德（Ebenezer Howard）提出"三块磁铁"的理论——城市、乡村、城市—乡村，列出城市与乡村的优缺点，把所有的优点都集中到城市—乡村里。霍华德认为应该建设一种兼有城市和乡村优点的理想城市，他称之为"田园城市"。田园城市实质上是城和乡的结合体。是不是可以借鉴霍华德田园城市理论思考我国的乡村问题，形成中国的城市—乡村？习近平总书记指出："要在资金投入、要素配置、公共服务、干部配备等方面采取有力举措，加快补齐农业农村发展短板，不断缩小城乡差距，让农业成为有奔头的产业，让农民成为有吸引力的职业，让农村成为安居乐业的家园。"我们现在面临着城镇化和乡村振兴两个大前提，通过城乡统筹、优势互补，最后走向城乡融合。

1. 城乡统筹

首先是城乡统筹。发展城镇化应适当做一些改变，向城乡现代化方向迈进。很多人特别关心"城市群规划"，是不是显得有点一根筋了？中国人口城镇化的发展趋势到 2050 年要达到 81%。为什么可持续的关键还在城市？因为主要的消费、碳排放都在城市。

城乡统筹包括人口分布统筹、功能要素统筹、生产要素统筹、市场供需统筹、资源资本统筹、权益利益统筹、规模数量统筹。比如人地关系、医疗、劳保、教育、卫生等方面的统筹，都不是通过市场能解决的，需要政府引导。互联网可以帮助解决很多问题，可以设想将来城乡居民"一工一农"，包括都市农业、社区农业、乡村制造、乡村工厂都存在。

2. 城乡互补

其次是城乡互补。即城市文明与乡村文明互补共赢，城市与乡村协调、健康、均衡发展。具体可以分为以下四个方面：生态环境互补、经济产业互补、功能需求互补、文化资源互补。加利福尼亚高等研究院跟麻省理工等联合发起的一个国际联盟，原则是地方生态全球连通，自给自足。因为已经到了信息社会，不能让物质"全球旅行"，而应让信息多流动，让物质尽量少流动。物质原材料实现本地化，信息实现全球化。

资源跟需求之间的关系一直是互补的，农民到城里打工就是劳动力互补，还有技术、劳动等互补关系。现在乡村农业人口的分散和大城市工业人口的集中只是工业、农业发展水平还不够高的表现，属于初级阶段。将来城乡融合是历史的范畴，即城乡统筹和城乡互补是一个渐进的过程，最后到城乡融合。

## 3. 城乡融合

最后是城乡融合。城乡格局本身就是一个遗产，比如松阳县城。如果把村子都抹平了，就剩下一个个大城市，那么历史全抹掉了。尤其是江南水乡，村镇跟水系直接相连。把村子拆了，水系毁了，江南水乡跟其他城市没什么两样。其实可以采取生态填充或置换的办法，做民宿也好，做其他的产业也可以，把它用起来，空了以后不适宜农作，还有适宜的其他功能可以植入进来。村子衰败了怎么办？还得让它"火"起来。

在第七次全国人口普查中，60岁以上中老年人占比已达17.1%，到2050年预测老年人要增长到31%（图2），城市养老的资源紧张，年龄化的问题严重怎么办？空村子可以做乡村养老的基地。我们叫"乡村生产性养老"，把乡村闲置资源用起来，种地、养鸡、老年课堂等中老人力所能及做一些事情，不要让他们真正地老下去。

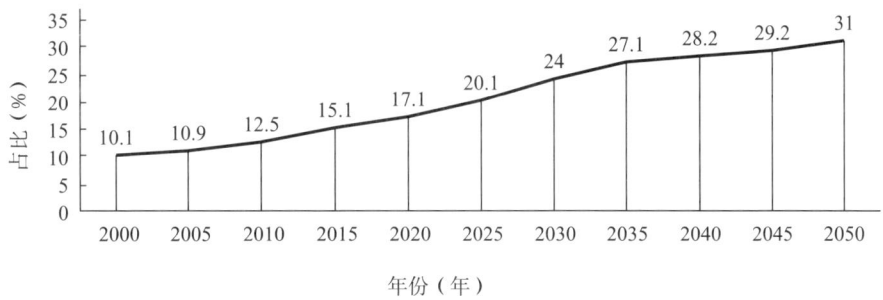

图2 我国60岁以上老年人口所占百分比（根据《中国人口老龄化百年发展趋势》数据制表）

根据对天津市600余名老人进行实地问卷调研的结果（图3、图4），城市老年人对于去往乡村生产性养老具有较强的意愿，有较强意愿的老年人占57.2%，说明乡村生产性养老符合未来多元个性化养老趋势，具有较高的市场需求。同时，老年人对各类生产性活动表现出较高的兴趣，对生产性活动的整体参与度较高，71.5%的老年人对农业种植类活动表示较高的兴趣，63.9%的老人则有较强的参与志愿管理类生产性养老活动的意愿，生产性养老是城市老年人未来的必然趋势。

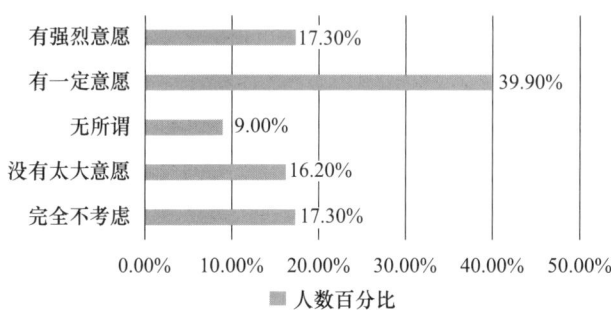

图3 城市老人乡村生产性养老意愿（根据实地问卷结果制表）

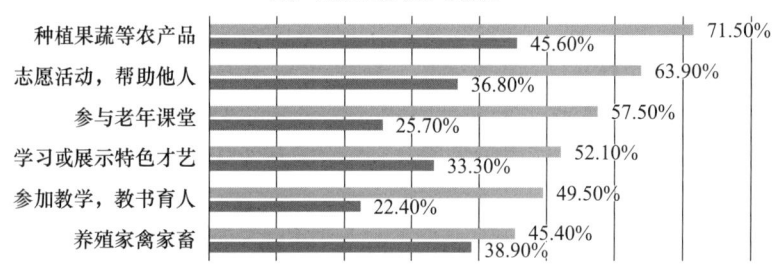

图4 生产性养老活动参与情况（根据实地问卷结果制表）

乡村是块宝地，统筹、互补和融合时要考虑乡村的利益和权益。我把它形容成一个碗，用的时候要注意是谁的，拿走的时候要注意是不是你的。

# 形式追随经济——乡村建设低技可逆性建造

谭刚毅
华中科技大学建筑与城市规划学院教授
中国建筑学会民居建筑学术委员会秘书长

**内容摘要**：本文针对资源一般甚至匮乏的乡村，从工匠介入、建筑师介入、可逆性建造与旧物再生三个方面探讨了以低成本且行之有效的手段，实现多样化、成本可控的乡建模式。

**关 键 词**：民宅改造；可逆性建造；旧物再生

中国传统村落的分布与其所处地区的经济有着密切关联。现在认定的传统村落部分位于在经济较发达的东部地区，这种有资源的中国传统村落只有几千个。中部、西部更多的是资源一般甚至匮乏的乡村。虽然有的能通过建筑设计来激活，但我们要面对的是至少 250 万个非常普通的乡村。这种情况下，怎样来做乡村建设？

现在的农村建筑越来越没有美感，乡村别墅、"爆改民宿"的方式确实贡献了一些新思路，但我们需要追寻乡村内在的基因和智慧，以低成本且有效的手段让乡村既经济美观多样化又成本可控（图1、图2）。

## 一、工匠介入

传统民居具有模块化、原型意义。民居往往会适应地形、家庭人口规模、家庭经济情况做出很多变化，产生非常丰富的形态。工匠技艺某种意义上也是经过了历史的选择，是具有经济性的。每个工匠在建造民居时都会发挥自己的聪明才智，比如建筑师做了一个"示范楼"后，工匠根据示范做出各种各样的变化，一个村里通常看不到两栋一模一样的民居。实现多样化的变体，同时和谐统一，这是一种经济美观的建造方式。

我们团队最初的乡村建设为突破"涂脂抹粉"，编制了《民宅改造指导手册》。村民通过手册可以完成自家房屋的保护修缮和改造，以"三分匠人，七分主人"的理念，将设计与村民诉求结合起来，真正实现最大化应用。"导则"对新建的建筑也同样适用，设计师根据宅基地政策、当地历史上的住宅原型、家庭经济条件等给出类型化设计，就建筑的朝门、院墙、廊柱、窗墙、景观布置等提供一系列菜单选择，村民自由选择后请工匠来建造。这也是一种非常经济的改造方式（图3、图4）。

## 二、建筑师介入

没有建筑设计的建造机制在今天是不存在的。因为生活方式、社会形态与文化自信等居住行为都在变化，过去的空间格局、材料工具、匠作体系等建造行为也在发生遗弃、骤变与崩塌，乡村建筑是转型还是断裂？或是迭代存续下去，又或是引入新的建筑技术？建筑师应根据当下农村的基本生活模式找到解决方案。

当下的农村基本生活有3种行为：一是基本的起居、就餐及会客；二是手工业及农作生产；三是有农村味道的家禽牲畜养殖。根据这3种性质的生活活动，将建筑分成3个基本的建筑模块，根据不同的基地条件和组团关系，规划院落和入口位置，组织成不同的住宅空间模式（图5、图6）。

比如，一幢在乡村小学废弃地块上做的活动小屋，建筑师只花了8万元完成一切室内室外活动，并同时保证了实用、功能和美观相结合。一座位于湖北省鄂州市梁子湖区熊易村的老屋，被改造成了一个乡村记忆馆，采用397元一块的竹木胶合板来进行预置装配，普通木匠就可以对其进行切割。建成后这里成为村民们爱跳广场舞、使用频率非常高的场地，最终达到通过乡村公共建筑的建造来唤醒乡村记忆和地域文化的目的（图7、图8）。

还有很多能够运用低成本的绿色技术的建造方式，比如便宜材料竹子搭建的风光浴室，呼应山形地势的观景亭（成本只花费了两三千元）等。再比如，在已有菜地扩建一个活动工坊，考虑到菜地的所有权是租借的，按传统方式建造一定会产生很大破坏。最终我们做了结构形态方面的推敲，用了常见的钢管和脚手架的方式，通过点式桩基和空心砖等来构建基础，再用脚手架形成梁柱结构体系，实现比较丰富的空间和变化，三四个工人一周左右就可以建造起来。200多平方米的建筑最终只花费了11万元。我们认为，建筑只是提供一个容器，在保证基本舒适度后让人们感受到乡村生活（图9、图10）。

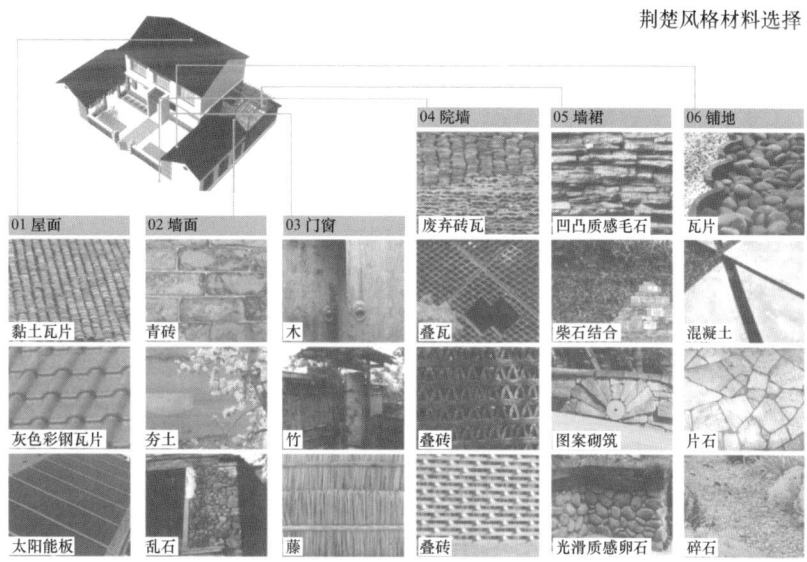

图 1　鄂州市梁子湖区熊万隆村新建住宅模式指引（材料）

图 2　鄂州市梁子湖区熊万隆村新建住宅模式指引（景观）

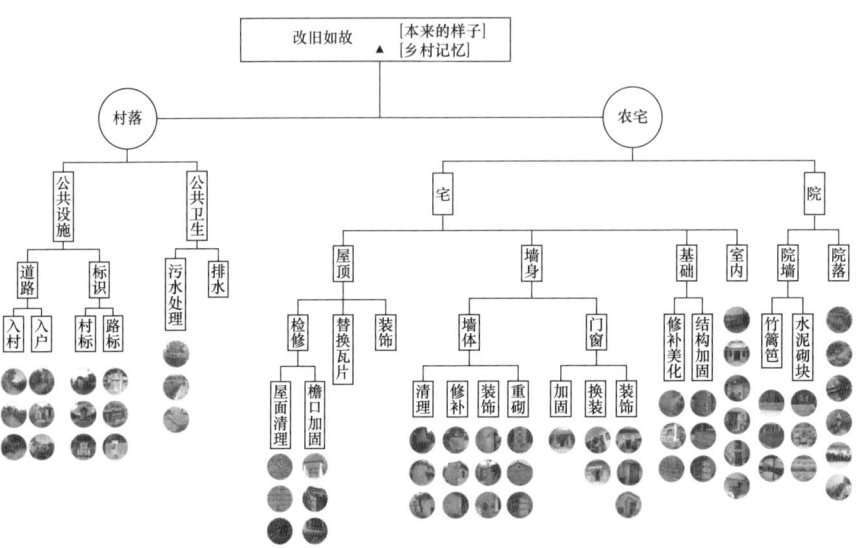

图3 《民宅改造指导手册》图示一

图4 乡村风貌

新型住屋模式

## 一宅多变-因地制宜适应环境变化

**适应变化**

根据三种性质的生活活动，将建筑拆分成三个基本的建筑模块，根据不同的基地条件和组团关系，拓扑变形组合，规划院落和入口位置，组织成不同的住宅空间模式。

正屋 ＋ 偏屋 ＋ 猪圈羊栏 ＋ 柴门 ＋ 院墙绿篱

图 5 《民宅改造指导手册》图示二

新型住屋模式

## 牲畜养殖-小聚合/大分离

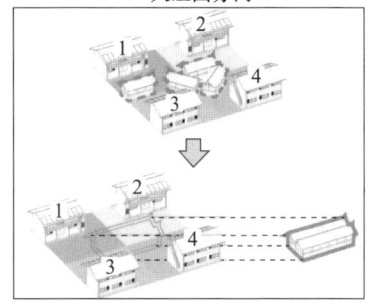

针对较少的农户组团住宅或者地形位置比较不规则的院落住户，可以考虑将猪圈进行小集中式并置，并置方式根据相邻户主庭院的形态，结合场地现状来布置

当住户数量增加则考虑将猪圈集中到院落以外的地方安置，满足人畜分离的需要。猪圈集中并置的方式可以根据地形现状等设计与排布

图 6 《民宅改造指导手册》图示三

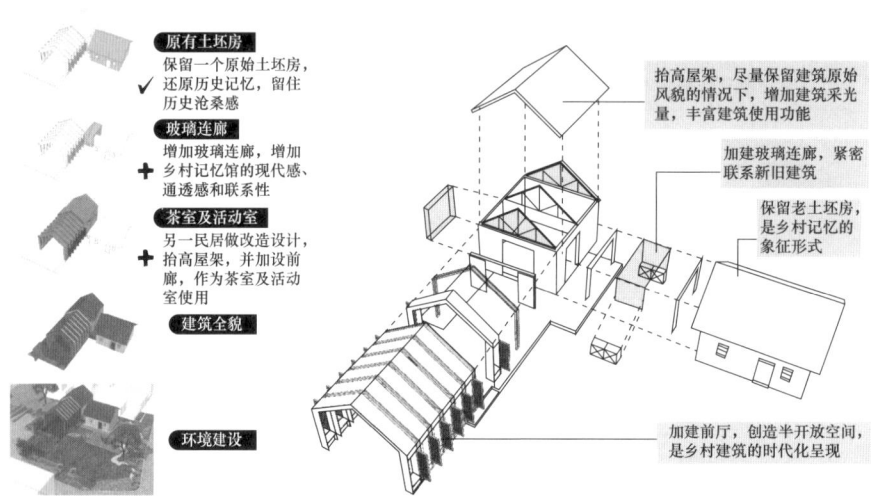

图 7　湖北省鄂州市梁子湖区熊易村老屋建造图示

图 8　湖北省鄂州市梁子湖区熊易村老屋建造效果

第二章 乡村·实践

图 9　观景亭

图 10　活动工坊

## 三、可逆性建造与旧物再生

可逆性建筑设计（Reversible Building Design）指的是以动态和灵活的设计使建筑材料纳入一个循环的建造中，增加建筑材料的自身价值，以使建筑废弃物有效减少和更少地依赖自然资源，真正实现社会伦理和生态伦理的循环（图11）。

旧物再生也是乡村建设的重要因素。怎样物尽其用、发挥旧物价值？历史上的经典建筑其实都是严重超出预算的费钱的建筑。今天更多的城中村、边远乡村和其他无名的乡村，怎样获取发展和新生？这些问题需要置于国际话语中，辩证地对待和思考。乡村振兴不是一花独放（所谓网红乡村），而应该是要百花齐放春满园。面向广大乡村，我们似乎要改变建筑是永恒的、纪念性的概念，不能过度设计、过度建造，而是更加关注日常，适度建设。

守护乡土，非古非今，熔古铸今。普通乡村建设和乡村振兴是全球性问题，我们要抛开既有观念，面对新的经济、新的技术和新的体验需求，汲取传统的智慧和基因为当下服务，让传统照进现实和未来，呈现当下的畅想和智慧。

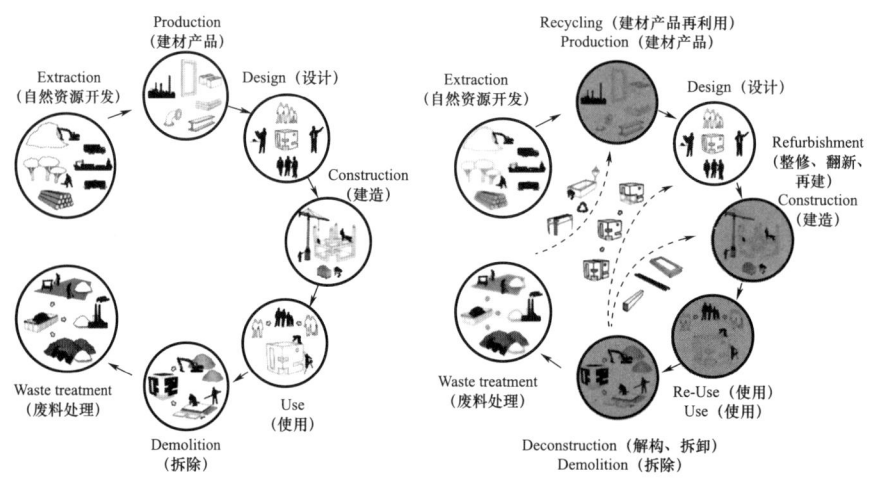

图 11　建材产品利用

# 喂，你错过松阳了

夏雨清

宿集营造社召集人

**内容摘要：** 本文从宿集营造的角度，依次介绍了松阳陈家铺宿集、宁夏黄河宿集的选址、创意等内容，探讨了松散且全新的，稀缺且天然的宿集营造理念。

**关 键 词：** 宿集选址；稀缺资源；旅行生活美学

"十年前，你错过了莫干山，还会错过松阳么？"这句话我是在 2015 年说的。2013 年，我和罗德胤教授同一年来到松阳，那时松阳连一个游客都没有。

两年后，我在松阳老街开了一家杂货铺，叫"山中杂记"，有媒体说它就该出现在台北，而不是松阳。后来我又把旁边的一所民国小学改造成了民宿"茑舍"（图1、图2）。

2018 年，我们在陈家铺开了另一家民宿"飞茑集"（图3），一间客房一年营收 40 万～50 万元，利润有一半；旁边的先锋书店做得更好。我和先锋书店的钱小华，以及过云山居的廖敏智、桃野的孙迎盈都没有错过松阳，那错过松阳的你，可能要反省一下为什么错过了。

## 一、陈家铺宿集·松散 / 全新

早在 2015 年，我就想在松阳做一个民宿集群项目，选址在椰树村。后来这事出现了变故，没成，我就在宁夏中卫做了"黄河宿集"。一个废弃多年的村庄，58 亩地，9 万元 / 亩，在政府部门官网上挂了多年都没人要，我的合作伙伴温州煤老板、华正文旅董事长陈祖品把它拿下了，我们把它变成黄河宿集。

我和松阳的关系不仅仅如此，2013 年，我第一次来松阳，当时的县长陪着我们在山里走了 4 天，在陈家铺先锋书店的位置，我和他说：这是我在松阳看到两个最好的地方之一，我要在这里做一家民宿。这就是飞茑集选址的由来。

你会问，另一个好地方在哪里呢？在陈家铺下面的西坑村，廖敏智他们开了一家"过云山居"，创造了中国民宿史上一个爆款，号称连续一年 100% 入住率。

我选址的眼光还行吧？

山中杂记

2015-04-26

图1　山中杂记

2016-06-08

图2　莺舍

图3　飞莺集

在陈家铺，我没有停歇。在这里，我们将营造一个不一样的宿集。现在的陈家铺有飞鸢集，有先锋书店，有云夕，有依山伴舍，还有我们厨师出来创业的小餐厅"三角喰"（图4、图5）。

我想在这里做一个松散的宿集，还会引入三个项目：

十钟山房。有句话叫"南有西泠印社，北有十钟山房"，我们把它引过来做博物馆，一个有调性的、活态的、创新的博物馆。

澡雪佳隐。澡雪是湖南卫视主持人汪涵在长沙倡导发起的国学项目，我们把它引进来，蜕变成文旅。

碧山工销社。来自徽州碧山村，由艺术乡建第一人左靖创立。

这几年来，我们致力于宿集推广和落地。目前有十几个项目在进行和建造中。第一个是中卫的黄河宿集，第二个是重庆的巴谷宿集，第三个是马上要开业的秦岭宿集，年底在科尔沁草原中间，乌兰河边还会开一个草原宿集。

### 二、黄河宿集·稀缺 / 天然

有一道重庆市高三的地理试题，以宿集为题，题目是这样的：

"宿集"是一个民宿集群项目，在一个几乎不可能有酒店抵达的地方引入几家民宿，带入餐厅、咖啡馆、温泉泳池、书店、文创店、美术馆等，再挖掘当地特色，形成了一个小小的旅行度假目的地。湖南卫视综艺节目《亲爱的客栈3》，来到黄河·宿集，拍摄地位于宁夏回族自治区中卫市一个废弃的古村落，当地遗留了一大片百年果树林。

问题来了，请说出该地可供开发的特色旅游资源及该地发展宿集的不利条件。

那么，标准答案是什么呢？

试题的标准答案是：特色旅游资源有沙漠风情、特色农业体验、风俗民情（图6、图7）；不利条件有位置偏僻、交通通达度差，城市客源市场远，废弃古村落接待能力差，环境承载力低。试卷的标准答案告诉我们，这个地方不适合开宿集，这是一个必死无疑的项目。

事实很打脸，黄河·宿集是2019年来中国最爆款的文旅项目，而标准答案里的三个特色资源，我们目前只用了"沙漠风情"这一个优势。这是不是说明我们

图 4　陈家铺风貌

图 5　陈家铺外景

图 6　黄河·宿集俯瞰

图 7　黄河·宿集风貌

还有很大的潜力?

试卷里说位置偏僻、交通通达度很差、离城市客源地远。我说过一句话:宁夏600万人,从来不是我的目标。我要做的不是周边市场,而是全国。

位置偏僻从来都是相对的,中卫有沙坡头机场,距离宿集的车程只有25分钟,因为宿集这个项目,已经新开了8条航线。

标准答案说"废弃古村落没有接待能力",我们把古村改造成宿集,第一期有66间客房,间夜是2000多元。你说接待能力行不行?

"环境承载力低",那更不可能。都已经是戈壁滩了,还有什么不能承载的?

一个项目,所有的劣势加在一起,说不定就是天大的优势。我们做文旅项目就是这样,就是要在不可能中创造可能。

宿集选址从前只有一个字:偏。后来是两个字:更偏。只有更偏,才有更稀缺的资源。沙漠、戈壁、黄河、长城、古村、绿洲,宁夏都有,所有资源聚集一起,就是盆景版的中国。

"宿集"是我生造的一个词,起名时,纠结过一阵:叫"宿集"好呢,还是"集宿"好?后来想想还是叫"宿集",即把很多人聚集在一起,而不是把很多住宿的地方集中在一起。这个词现在被大量的地产商用来卖房子,貌似到处在做宿集。

我觉得这挺好的。宿集的使命就是发现秘境,传导一种旅行生活美学。我希望更多人和机构参与其中(图8)。

图8　黄河·宿集

# 无集体，不经济

陈长春

隐居乡里创始人

**内容摘要**：本文以楼房沟项目的改造和运营为例，阐述了通过改造使乡村回归原本的自然、文化肌理，构建新的生活场景，以及后续运营过程中利用好村集体模式的重要性和价值贡献等内容。

**关 键 词**：整村运营；新生活场景；村集体

楼房沟位于汉中的一个小山沟里，从西安高速 4 个半小时的车程才能到达秦岭南麓。它的价值在于这里曾经深耕集体经济 10 年。而我在北京也用了 6 年时间，探索集体经济盘活乡村资产的路径。值此契机，楼房沟是我们从北京走出去的第一个项目，这是距离远、有挑战的地方（图 1、图 2）。

我们一贯的运营理念是保持闲置农宅原有的样子，只是简单的修缮。2015 年，隐居乡里从线上的乡村旅游营销策划公司转型为线下的运营公司，专注于做乡村整村运营，强调回到运营和体验本身，从颜值高的项目中摆脱出来。

## 一、忘掉设计，回归自然

隐居乡里在乡村的房子经过简单修缮，没有夸张造型，控制成本，建造成本单平方米面积控制在 5000 ~ 6000 元，集体可以筹集资金去建设。房子内部强调体验感、舒适感，外部保留田园自然的环境。设计总监金雷老师说过最多的一句话："在乡村要忘掉设计，再好的设计比不过大自然。"大家回到乡村是为了回归自然，建筑在美学方面最到位的一点是和自然景观呼应，其他全部交给舒适感（图 3）。

没有大拆大建，闲置农宅盖出来的院子，都是独院包租，由本地阿姨提供着主人般温暖的服务。原来院子承载着一家人，现在亦承载着一家人。不要把乡村振兴、乡村建设看得太复杂，城里人到乡村来，住的地方没有蚊虫、老鼠、蛇，吃上可口的饭菜，冬暖夏凉。一个房子在乡村达到这些条件，进可攻退可守，退可进城市，进可达田园。

图 1　秦岭

图 2　隐居乡里在楼房沟的院子

图 3　乡村生活场景一

## 二、老传统，新生活

民宿是乡村振兴的流量入口，城市人进入乡村可改变农村凋敝的现状。

楼房沟的 9 个院子，2020 年接近 4 个月在新冠肺炎疫情的影响之下，实现了 230 万元的营收。80% 的客群是亲子家庭，他们需要安全、舒适、稳定、服务等各方面到位。所以，我们追求的乡村生活是这样的：既不是把原来的城市搬到乡村，也不是回到乡村原有的样子，而是依托乡村本来的自然与文化肌理，构建一个新的生活场景（图 4）。

一个村子里有年轻人，有老人、孩子，有鸡犬相闻、炊烟袅袅，有老传统、也有新生活，有城市人的欢笑、也有乡村人的质朴。如果能够到达这种状态，无论房子如何设计，距离有多远，那都是人的精神追求。文旅不是提供形而下的东西，而是形而上的东西，是做精神按摩的，是给人造梦的（图 5）。

图 4　乡村生活场景二

图 5　乡村生活场景三

### 三、让村集体成为乡村产业的董事长

在乡村的 6 年里,我们用很少的投入,用四两拨千斤的方法,甚至是村民集资的方法,深耕 21 个村子。截至 2021 年,投入运营的院子有 210 个,正在建设中的有 100 多个,平均每年以 10~15 个村子的投入规模往前发展,累计创造近 3 亿的集体经济收入(图 6)。

村子的选址有一个大条件,即当地有大量的滞销农产品,并用手工技艺加工成农副产品。我们认为,农产品是民宿、工坊的巨大舞台。比如,隐居乡里的山楂汁是盘活当地农副产品最典型的案例。山楂一斤 5 角钱,一天赚不了 50 元。我们通过研发配方,组织管家和村民把山楂熬成山楂汁,一斤山楂熬 2 瓶山楂汁,一瓶卖 56 元,有 100 倍的溢价。一年消化当地山楂 10 吨,卖山楂汁的收益甚至超过山楂小院 12 个院子的客房收益。

此外,村集体成立合作社,收回农民的闲房子,房子建好后托管给运营商,我们负责产品设计、塑造、人员培训、市场营销挖掘以及整体服务管理。同时用在地化运营的方式,每个项目派 1~2 名工作人员,其他工作人员是当地留守的中老年人。经过严格培训,留守的中老年人做管家,提供 1000~2000 元/晚的餐饮、接待、清洁以及维护的标准服务。6 年来,隐居乡里联合北方民宿学院累计培训全国 280 名乡村管家,都是平均年龄在 40~60 岁的留守妇女,人均年收入 3 万~5 万元,其中 20% 的人经过培训后独立创业(图 7)。

在后续运营中,村集体主要负责秩序维护、环境卫生、安全保障和应急事件应对。因此,所有合作模式都离不开村集体。只有让村集体成为村庄主体,才能代表所有村民。随着规模扩大,村民资金不够,政府扶贫资金以及银行贷款、社会资本,甚至地产企业,我们均鼓励与村集体合作社合作。让村集体成为乡村产业的董事长,掌握所有资产。运营商做村庄的 CEO,为董事长负责,收益分成(图 8)。

集体经济在乡村能够连接城乡价值,建立共生机制,促进村民商业化的觉悟,是防止资本侵略式下乡的通道。呼吁更多领导和外来企业,一起认识到集体经济在乡村治理、乡村建设中的重要性,意识到由它设置一个底盘,对在乡村做事情

图 6　隐居乡里开发的产品

图 7　隐居乡里的管家团队

的安全是极大的保护。在这样的情况下,钱、地、人,乡村的生产要素由村集体组合起来,由外来的运营力量和当地人一起结合,形成了一个更好的、可持续的、可复制的模式(图9)。

在乡村振兴、乡村建设中,民宿只是一个盘活闲置资产的入口,集体经济能够形成一个稳定的底盘。未来的民宿是根植于乡村的共生社区,让更多外来人到乡村建立工作室。有艺术家到乡村创作,有手工人到乡村做带货达人,有不同产业的各种各样的可能。这种种可能中,最关键的是尊重农民对利益的追求,建立更稳定的乡村商业秩序。

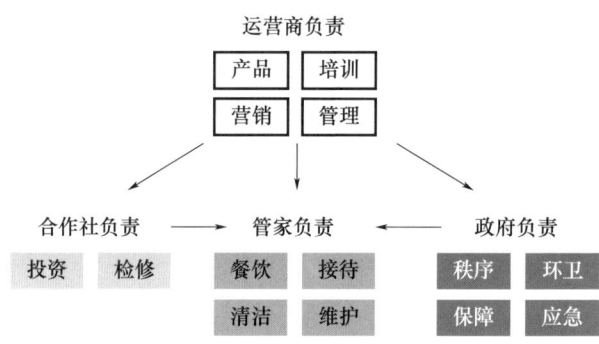

图8 隐居乡里的合作模式

图9 合作社项目分红现场

# 墟里·徐岙底——乡村社区的实践与未来

小　熊
墟里品牌创始人

**内容摘要：** 本文以"墟里·徐岙底"项目为例，探讨了徐岙底的乡村社区实践，未来的社区共建计划，以及新村民的吸纳与属性等内容。

**关 键 词：** 乡村社区；整村运营；新村民

　　徐岙底，一座具有 800 年历史的古村，村内古民居主要以土木结构建造为主，青瓦、石墙、古道不事雕琢，屋檐翘挑，古宅敞而不封。文元院、举人府、顶头厝三座曾经辉煌的大院呈前中后分布，另有中、小型民居 35 座，以夯土、木构为主，部分已倾斜，几栋 20 世纪 50 年代的建筑配有砖墙加建。这些历史建筑和双井、双心巷等诸多人文景观，与 700 年红豆杉、苦槠古树、忠训庙、吴氏宗祠、文司堂、乌衣红釉工坊等一同构成完整的古村落格局（图1）。

　　墟里是村庄的意思。我们的初心是想找到小而完整的、活着的、代表对过去与未来的思考和连接的、最理想的载体。徐岙底与我们有着最佳的契合，小而完整，保留着我们对中国传统乡村和乡村生活所有想象的元素。但是它活力不足，我们去的时候只有 10 位老人在。我们希望作为未来乡村社区的发起者、牵头人，想描述对城市的反思，想追寻更理想的生活，也许可以在徐岙底或乡村找到。

## 一、徐岙底的乡村社区实践

　　浙江温州的泰顺，极其偏远，不是最优质，却是最适合乡村社区实践的一个村子。38 栋房子，我们只选了 9 栋房子做民宿。我们不做民宿村，商业和非商业各为一半。在整村运营时，我们一开始并不想做开发商、投资商、业主，当时我们是无经验、无资源、无资金的"三无"团队，在没有外界力量支持下，吃力地把自己包装成开发商（图2）。

　　2018 年 4 月，"墟里·徐岙底"乡村社区项目作为浙江省泰顺县重点招商引资项目签约落地，墟里团队作为乡村运营商的角色入驻徐岙底，进行整体村落的规划、设计、建设、开发、统一招募与联合运营。我们与泰顺县政府创新性地采用

图 1　徐岙底古村

图 2　徐岙底村鸟瞰

了公共业态与商业业态"结构化分类投入、统一规划与运营"的模式，并给予村集体、村民经营分红，合作共赢（图 3）。

我们希望探索的是乡村未来多种可能性，和社会创新紧密地结合，成为未来不只服务于旅游业和商业，又具有可持续性的新路径。墟里并不采取整村搬迁的模式，仍有十余位老人在村里居住，我们致力成为新老共处、可持续发展、可深度体验乡村生活及提供手工、研学、展览、农耕体验、艺术创作等文旅活动和教育实践的创新型乡村社区，以及文旅农旅融合发展的新模式、乡村振兴与社会创新的新样本。

在非遗传承方面。徐岙底是世界"廊桥之乡"泰顺县保存最完好的古村落之一，是中国第四批传统村落，具有深厚的文化积淀，并拥有乌衣红粬、提线木偶、禳神节三项非物质文化遗产。通过对非遗文化挖掘，我们从乌衣红粬提炼紫红色作为墟里·徐岙底的 Logo 和 IV 主色。我们与策展人左靖老师及其团队合作，进行了一系列展览和巡展。完成了"红地起乌衣"展览、驻村写作计划、自然观察等一系列工作，梳理了徐岙底的文化与乡土民情，推广、深化区域整体的 IP 形象。乡土文化展"徐岙底札记"入选"中国艺术乡村建设展"并在深圳、西安等地进行巡展（图 4）。

在建筑保护方面。我们与浙江省古建院、德国归国建筑师团队等配合研究探索，将被动房技术创新应用于传统建筑改造，并致力于当地传统工匠技艺的传承与培育（图 5）。

在产品创新方面，我们自主研发了"红粬啤""山草汽水"等泰顺非遗转化的农创及文创产品，将传统技艺融入现代生活（图 6、图 7）。

在公共活动方面。我们策划了大量的公益活动和文化活动，在乡村、文化的加持下，具备可持续的能力。徐岙底举办了"六月六文化旅游节暨红粬展馆开幕活动"、乡建人才论坛、"乡村民宿主理人"公益培训、"跟着节气游乡村"之立夏/夏至/寒露活动、"温州乡村文化旅游节泰顺站首发式夏至活动"、乡野市集等系列活动。"跟着节气去乡村"是一个常态化的活动 IP，以 24 节气为主轴，线下是沉浸式体验中心，线上是内容生产基站（图 8）。

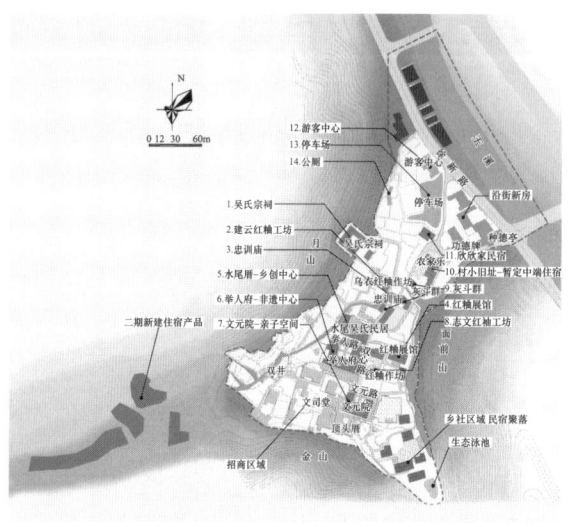

图 3　一期古村活化和二期新区建设示意

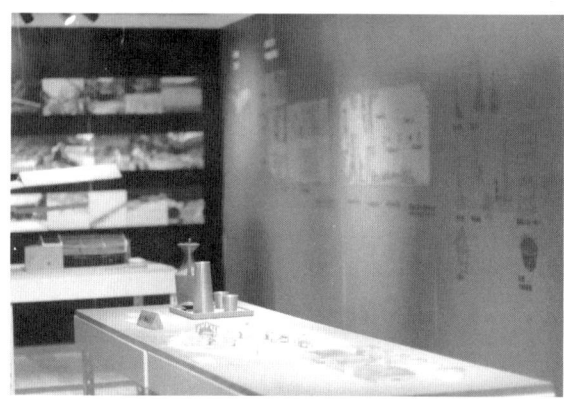

图 4　"红地起乌衣"展览

图 5　古建筑保护

第二章 乡村·实践

图6 红粬啤

图7 山草汽水

图8 "跟着节气去乡村"海报张贴

## 二、未来的社区共建计划

我们一直觉得乡村的未来会超过今天很多人的想象,墟里未来要做什么呢?

首先是做一个徐岙底社区,社区必定要有物理空间和物理关系才会有归属感,因此社区的招商条件是主理人把徐岙底当成第二居所,一年有1/2或者1/3的时间居住在村里。其次是搭建徐岙底社群,超越线下的物理关系,不一定有商业目的和经济诉求,但要认同这里的理念、价值观和生活方式。最后是慢慢形成徐岙底生态圈,弱化墟里对我们而言表达的是一种态度,希望徐岙底是一个开放社区,是属于社区所有成员,而不只是属于墟里。来到徐岙底社区,要成为成员需要遵守"乡村社区公约"(图9),它是一个动态的,半年或一年大家一起来更新和迭代。我们要表达的是原住民、客人、新村民的递进关系。

第一,原住民是在村里最重要的组成部分,因此我们没有迁走一户村民,没有让一位老人在村里觉得不自在,并且每年会有10%分红给到村里,其中5%由村集体使用于村内公共投入,5%分配到村民个人。

第二,客人,他们超越简单的消费关系,是为我们做看起来不赚钱的事而买单的客人。他们带着消费力,更重要的是传播力(图10)。

第三,新村民。我们希望未来有更多的新村民,带来更多的创意和想法联系到未来。这些新村民是考验项目成败的重要标准。

## 三、新村民的吸纳与属性

按参与度划分,新村民分为三个阶段:建设期、发展期、成熟期,目前是介于建设期和发展期的阶段。

建设期在核心圈。必须是长期的建设者,高强度深度参与,意愿与共识度高,推动徐岙底社区建设。

发展期在中心圈。同行者与共创者需要中高度参与,双向支持,需要作为徐岙底背后的服务者、系统支持者、生活服务商。

成熟期在外圈。在徐岙底整村运营相对成熟后,基于价值观认可,以及对乡村生活的喜爱提供稳定的在地或远程技能支持(图11)。

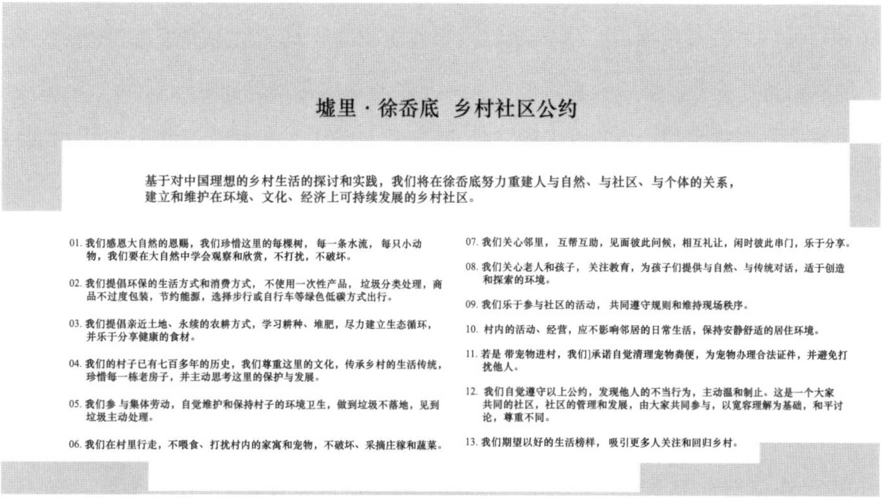

## 墟里·徐岙底 乡村社区公约

基于对中国理想的乡村生活的探讨和实践，我们将在徐岙底努力重建人与自然、与社区、与个体的关系，建立和维护在环境、文化、经济上可持续发展的乡村社区。

01. 我们感恩大自然的恩赐，我们珍惜这里的每棵树，每一条水流，每只动物，我们要在大自然中学会观察和欣赏，不打扰，不破坏。
02. 我们提倡环保的生活方式和消费方式，不使用一次性产品，垃圾分类处理，商品不过度包装，节约能源，选择步行或自行车等绿色低碳方式出行。
03. 我们提倡亲近土地、永续的农耕方式，学习耕种、堆肥，尽力建立生态循环，并乐于分享健康的食材。
04. 我们的村子已有七百多年的历史，我们尊重这里的文化，传承乡村的生活传统，珍惜每一栋老房子，并主动思考此村的保护与发展。
05. 我们参与集体劳动，自觉维护和保持村子的环境卫生，做到垃圾不落地，见到垃圾主动处理。
06. 我们在村里行走，不喂食、打扰村内的家禽和宠物，不破坏、采摘庄稼和蔬菜。
07. 我们关心邻里，互帮互助，见面彼此问候，相互礼让，闲时彼此串门，乐于分享。
08. 我们关心老人和孩子，关注教育，为孩子们提供与自然、与传统对话，适于创造和探家的环境。
09. 我们乐于参与社区的活动，共同遵守规则和维持现场秩序。
10. 村内的活动、经营，应不影响邻居的日常生活，保持安静舒适的居住环境。
11. 若是 带宠物进村，我们承诺自觉清理宠物粪便，为宠物办理合法证件，并避免打扰他人。
12. 我们自觉遵守以上公约，发现他人的不当行为，主动温和制止。这是一个大家共同的社区，社区的管理和发展，由大家共同参与，以宽容理解为基础，和平讨论，尊重不同。
13. 我们期望以好的生活榜样，吸引更多人关注和回归乡村。

图9 墟里·徐岙底乡村社区公约

图10 墟里·徐岙底市集

图11 墟里·徐岙底乡村生活

成为徐岙底的新村民,需要认同这个地方的文化,喜欢乡村生活方式,用自己的技能和资源在此安居乐业,在此有归属感。因此,我们想招募的人是:

第一,自给自足的新农民。类似于"半农半×"的状态,每个人都要学习耕种及其他。不管食物也好,土地也好,是代表未来生活方式非常重要的部分,和土地重新建立关系,摆脱或者降低个人对于物质需求带来的局限和压力(图12)。

第二,喜欢乡村,在此有归属感,有物业,或者有长期的工作和实践的项目扎根。

第三,超越度假旅游目的地,在此长期驻留的人士。

我儿子在乡村出生长大,墟里6岁半,他今年5岁,现在在镇上幼儿园念书。很多人会惊叹北京有好的教育资源,放弃了不会感到焦虑吗?我说未来不好说,我相信中国最好的教育未来一定会诞生在乡村。但需要时间去检验,我和我儿子正在做乡村教育的检验(图13)。

图12　墟里·徐岙底"半农半×"志愿者

我认为每个人职业身份各有不同,但回到家庭,是为人父母。在现今的教育焦虑下,我非常坚信科技和技术的发展,在未来可以解决大部分问题,但是人类不可以缺失或者越发渴望的是好奇心、想象力、创造力、同理心,是对真善美的感知,我相信乡村是最好的土壤。

图13　本文作者和孩子在墟里·徐岙底

第三章

乡村·学术

# 演变中的乡土建筑

王　路

清华大学建筑学院教授、博士生导师、
中国民族建筑研究会民居建筑专业委员会副主任委员

**内容摘要**：本文围绕乡土建筑演变这一话题，从传统建筑到新的建造系统的演变，以及传统建筑价值的传承两个方面，阐述了建筑传承不需要固守一个符号，从老建筑里找到有用的价值去传承，让建筑不断适合人们生活空间的塑造等内容。

**关 键 词**：乡土建筑；价值传承；人本主义

　　不管是传统村落，还是一些资源条件一般、不具备特色的村子，乡村建筑本身的演变都是一个很重要的概念。演变的一方面原因是作为历史文化遗产的老房子逐渐倒塌，另一方面是老百姓要改善生活环境，需要更多的空间和更舒适的物理环境。从这个角度讲，乡村不仅是寄托乡愁、发展文旅的载体，更应是能够互帮互助，共同发展的，尤其是在保护历史遗存的同时，改善当地老百姓的生活。

## 一、演变：传统建筑与新的建造系统

　　地方传统建筑的形成是彼时彼地的。如果没有高铁，没有其他条件，松阳的交通条件是不太便利的，我们也很难有机会看到当地的历史文化遗存和现在的生活状态。特殊条件使然，遗存至今的原因在于他们仍然处在一种孤立自足的社会状态中。然而社会、科技的发展改变了传统社会这种孤立封闭的状态，促进了社会的流动，也带来了时空观念的巨大变化，"距离"越来越近，人们获得资源的方式也更为简便。地方材料也不像过去那样是地方建造的唯一选择，世界在变。一个地方的发展得益于积极活跃地与"远方"互动。吸纳全球普适性的经验和文化的多样性来拓展地方文化的内涵。

　　传统建筑都有一些特殊的建筑形式，随着社会发展和建造技术的变化，建筑本身也会产生很多变化。我们作为建筑师，如果现在继续按照文里城隍庙这样的建筑形式去建造，我觉得是不对的，因为现在面对的完全是另外一套建造系统，有更好、更轻松、更简单的方法来建造房屋，防雨、防风、防潮等诸多功能都可以通过新的建造系统来完成。

同时,建筑的本质是真善美。我们对一些已有的、真正有价值的、有人类集体记忆的历史文化遗产,哪怕是一砖一瓦,都应把它留下来,因为这些遗产是非常宝贵、不可逆转的。但是对于现代人来说,我们有没有必要用现代的方式,按照原来的构筑形式去造一个为现代人服务的生活空间呢?这一点是值得深思的。(图1、图2)

图1　兰溪黄溢村

图2　老房子与新的建造技术

## 二、传承：传统建筑的有用价值

设计师最重要的任务是带有善意地把现在使用的东西设计得有美感。所谓的真善美，就是对待真的事物要真诚，对待自然、历史文化和人当下的生活，要带着一种善意，还要追求一些美感，实际上对待建筑也是一样，设计师的责任就是把它变得更美。以前的传统民居，都有一套形制，什么样的门，什么样的做法，什么样的材料，在每个时代都有其一定的特征，而现在的老百姓有着各自的生活和不同的需求。以前有些村子山高地远，基本上是比较封闭的，过着自给自足发展农业的生活，现在大多已经不同以往了。老百姓的自身条件和生活需求都在变化的过程中，未来的建筑以什么样的状态呈现还无法确定。

例如徽州民居建筑原先是没有马头墙的。为什么出现马头墙？也许是为了防火，房子多了以后，需要有一个防火措施。这也是在特定年代背景下，建筑对应生产、自然和生活方式的一种空间营造。现在为什么还要去用马头墙呢？把建造马头墙的成本省下来，能改善多少村子的基础设施？能美化多少村子？在松阳文里，没有做马头墙而是多做了一个平台，可以在平台上看更好的风景，开展一些活动，这就是极好的。

我想表达的是，建筑传承不需要固守一个符号，把形式作为传承延续即可，因为建筑的传统跟传统建筑是两回事，我们应该从老建筑里找到有用的价值来传承，需要应对变化的自然和当下人的生活需求，让建筑不断适合人们的生活空间。

一座老房子，有木雕、砖雕、屋顶、一个正房、一个厢房，下雨的时候水滴下来，形成一条缝，铺点卵石，雨大了，水从小的凹槽里流入天井，再从天井里排出。这种基于生活需求的观察、一招一式应对自然的方法，是我们要学习的。如何塑造更适合当地人的生活空间，我觉得这点是非常重要的。在乡村里，找到一种真实的空间塑造方式，是非常有意思的。

实际上，乡土建筑设计里的"人本主义"更应该关注的，是每一个具体的人都有对生活具体的要求。建筑师利用建造系统完成一个乡土建筑作品，实际上只建造基础设施，剩余部分可交由老百姓自己发挥，建筑师在一旁指导。老百姓按照自己的想法，更多参与到建筑修建过程中，乡土建筑得以缓慢生长，一方面具有对城市、对大众有较为普适的接受度，同时也保留了个性。

　　松阳现有的完整古村落和诸多保存完好的民居古建筑就是一个"注脚"，老建筑需要有新东西的引领、带入，产生更多与人的联动，把一些额外的、新的元素融入进来，从而生成一个新的故事，新的线索，才会有更加瞩目的变化，事实上松阳也正是在这样做。看松阳，就像看向往的乡村，希望大家将来都有一个美好的乡村生活！

# 有为和无为——乡村振兴中参考者角色的思考

李 浈
同济大学建筑与城市规划学院教授、博士生导师
中国建筑学会民居建筑专业委员会副主任委员

内容摘要：本文以上海朱家角古镇为例，阐述了朱家角保护规划的历程，从而引发对乡村振兴多元化的思考。
关 键 词：乡村振兴；文化振兴；产业振兴

乡村振兴涉及面非常广，我个人长期关注遗产保护领域，因此对乡村振兴中有一定身份的传统建筑（如文物建筑、历史建筑等）、历史文化名村、名镇更感兴趣，它契合了个人实践中的一些理念和价值观导向。

下面分享的是上海朱家角古镇的案例，主要包含三方面内容。

## 一、朱家角的振兴之路

朱家角古镇位于上海市郊区，离市区稍远，离苏州更近一点，至今仍保留着水系纵横的水乡风貌，多年前朱家角古镇就被列入"国家级历史文化名镇"。我很早就参与了朱家角的保护和发展事项，即振兴之路。20多年过去再回首，朱家角的振兴之路是如何从无到有，大步迈开地往前走的？其中有诸多值得思考的地方（图1）。

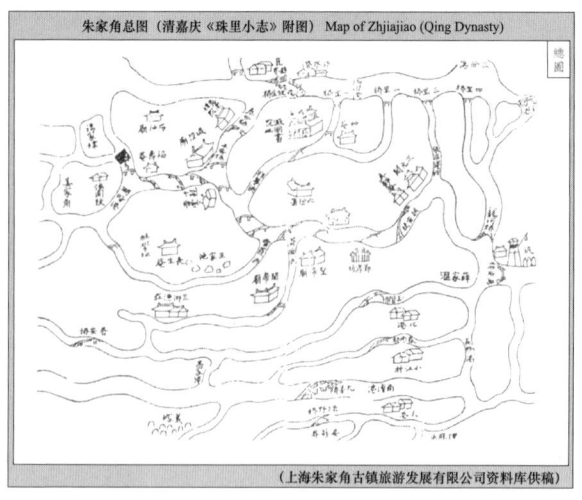

图1 朱家角总图（清嘉庆《珠里小志》附图）

上海作为现代化的大都市，对文化遗产的重视意识和保护行动开展较早。20世纪90年代朱家角的规划就已经起步，1990—2000年处于缓慢摸索阶段，2002—2010年处于保护发展阶段。这期间从最初的"意识规划"步入"战略规划"，形成了一整套科学、系统、前瞻的规划引导，并围绕"传承文化、延续民俗、保护生态、持续发展"的主旋律展开。

朱家角最开始是以"沪上四大名镇"之一为核心定位进行规划提升的。2002年则提出了"大上海的后花园"的较高定位，但在实施过程中遇到一些困难，因此2006—2021年处于整治和前进的同步状态（图2）。

朱家角作为上海唯一留存的具有传统文化特色的市镇，所理解的"保护"是"留住祖先、留住感情、留住故里的根"，尝试对老屋进行"在使用中保护"，提出"让古镇人民享受现代文明"的思路，改造了很多针对性场馆，如稻米乡情馆、大清邮局，后续漕港河两岸景观的整治等（图3）。

为了凸显"小桥流水人家"的都市水乡风貌，朱家角先后投入十多亿元用于古镇保护和环境建设。20多家工厂企业相继搬离古镇，从城镇布局上保留了完整的文化，但颇有些"盛世浮华"之感。旅游经济"一业兴，百业旺"的产业特性在朱家角催生了一批新产品和新产业，创造了大量的就业岗位和创业平台。

朱家角这几年持续火爆，连续获得"2004年AAAA景区""上海十大休闲街区""优秀组织奖"等殊荣。

**二、建筑师视角下的朱家角**

朱家角历经了近30年的规划改造，目前有城隍庙、大清邮局、展示馆、人文艺术馆等七个景点需要门票，其余均为免费。2021年5月，我再次去了朱家角。古镇水乡格局还在，但建筑风貌式微，走进街区巷里，很多房子在整治，沿河的南湖街房子的装修也有待提升。城隍庙很突兀地造起了一座桥，将轴线破坏后又做了照壁阻挡。看过整个场景后，我觉得很难过。

建筑之外，朱家角的商业也呈现出对世俗的媚态，文化经常是错位的。2021年年初我们选择朱家角一些历史建筑作为"保护设计"课程的案例，真题假做，我让学生实地走访住户，要在用户真实需求的基础上再发挥个人设计，目的也是

图 2 朱家角规划图示

图 3 漕港河两岸景观

尝试探讨水乡振兴的可行之路。

看了一圈朱家角以后，我写了一首打油诗："水乡格局犹在，建筑风貌式微，媚俗商业排队，文化无瑕顾垂，艺术花样站台，核心周边竞播，看似大步在迈，古镇终将不再"。可以说，朱家角的现状整体堪忧。

朱家角对我们有什么借鉴意义？某种程度上它地处城乡接合部，规模比一般村落大，另外它在发展道路上跑在了前面，它走过的路，有可能就是我们现在做的这些事的未来，所以说"前事不忘，后事之师"。

这是朱家角在这种情况下"有为"的市场，一切好像都在积极地推进，参与程度很高，但是最终还是走向了"不归"。建筑师看着它是望洋心碎！但即便我们现在感觉到悲观，以朱家角现在的这些成绩，有的地方可能干多少年都比不上。比如它的年收入，截至2020年新冠肺炎疫情期间，接待了7800万人次的游客！它现在的收入，税收接近22亿元！朱家角是一个镇区，按行政级别来讲，上海的一个镇大概是一个处级单位，从这个概念来看，它是繁华、热闹的。

### 三、乡村振兴的思考

乡村振兴，我认为主要是两个方面：一是文化振兴，二是产业振兴。

最近网上流行的丑字，显示出相当程度的文化缺失。目前一些场馆和商业业态均显示出，朱家角也面临文化缺位的问题。而文化振兴是乡村振兴的不二法门。它是全方位、立体式、可持续的，又涉及风、土、情三个方面。"风"指乡风、习俗、民艺等，与非物质文化遗产关联；"土"指乡土特色，如遗产建筑、乡土特产等，与物质文化遗产相联系；"情"指原住民主导下的天、地、人形成情景相融相生。

乡村振兴的第二方面是产业振兴。产业振兴是乡村振兴的多元之路。它不仅限于宜居场所，康养旅游、绿色农业、文创、医美、餐饮等都可以加入探讨，没有唯一可学的道路。正如"松阳路径"作为乡村振兴的方法之一，有借鉴之处但不可完全复制，需对症下药。乡村振兴也是如此。

乡村振兴本质是文化与产业，核心还是"人"。全社会需要培养人对美的认同和理解。就像朱家角做了很多"有为"和"无为"的事情，如今却可能变成资本的"逐利地",或建筑师的"职业秀",甚至房地产的"新战场",因此需要有度的、有分辨力的能动性。

今天"唱衰"朱家角,但它的故事依旧在每日演绎。松阳故事要讲好,就要把这些当作一面镜子,有则改之无则加勉,这是对所有人的勉励,也是对我自己的勉励。

# 两河口彭家寨：土家盐道古村的复兴之路

赵 逵
华中科技大学建筑与城市规划学院教授
中国文物学会会馆专业委员会副会长

**内容摘要**：本文以两河口彭家寨为例，从两河口的地理位置，土家族古盐道保护与再生两个方面，探讨了土家盐道古村的复兴之路。
**关 键 词**：彭家寨；古盐道；土家族文化

众所周知，盐是人的生命不可或缺的物质。盐的运输在人类生存史上有着重要作用，我们用近 20 年时间专门研究盐道上的古村落。其中"川盐"是最重要的内陆盐，它的生产运输对周边古村落的影响很大。

## 一、两河口：因盐而兴，因人而晓

酉水作为唯一流经川、鄂、湘三省交界处的河流，成为五陵地区古文化传播的重要纽带。它发源于鄂西宣恩县，其上游为龙潭河，沿途密布众多风情浓郁的土家族村寨，其中以彭家寨最为典型，保存也最为完整。

两河口，位于武陵山腹地、酉水河上游，由于水陆交通便利，古往今来都是商贸集聚之地，也曾是"川盐济楚"的重要枢纽。但随着商贸运输方式的转变，曾经兴盛的老街日趋凋敝。

近年来宣恩县政府以毗邻的彭家寨为代表，在盐道山谷中整体打造土家族泛博物馆（图 1），传承和发扬民族优秀文化，推进乡村振兴。两河口老街迎来了应对乡村旅游经济、吸引村民返乡创业、重振商业服务功能的良机。研学营基于对当地多民族文化的珍视、发掘、保护和发扬，在发展旅游业的同时，实践文化原真价值的保护和传续。

## 二、土家族古盐道保护与再生

彭家寨位于川盐产地以南地区，正好处在陆路运输最重要的节点。当时县里邀请我们过去，希望以古盐道作为主要打造基点，以盐运文化为支撑给两河口彭家寨进行规划设计。我们以酉水河流经的地区作为支撑点，以古盐道为串联点再扩散，打造成沿酉水河上游六公里长的带形开发和建设区域。沿途的盐业博物馆，它的建造设计理念是以盐结晶颗粒的方式形成建筑外观的形式关系，全部用砖一块块砌下来（图2、图3）。

在盐道山谷的整体规划中，两河口村是盐运古道通过的地方，中外高校师生对两河口村进行了整体调研，从人类学、民族学、历史和经济学的角度研究土家族文化，并根据调研获得的地理条件、自然资源、地域文化特征、吊脚楼建构体系和建造技术等，对两河口村展开保护性设计。两河口村作为弱开发部分，只做一些可以活动、可逆的建筑，东南大学张彤教授参加威尼斯双年展设计的亭子即将开始实施。

彭家寨只是两河口村的小寨子，但被当作一个活化石保护起来。其实，我们对彭家寨最早调研是在15年前为彭家寨做古建筑测绘，申报中国历史文化名村，做成了国保单位。接下来十余年彭家寨处在寂静保护状态。2018年，李保峰教授以"土家古盐道的再生"为主题，联合意大利的工作营，把彭家寨推到了第一次威尼斯双年展。紧接着东南大学张彤教授进入，2021年又把它第二次推到威尼斯双年展。2019年杭州和恩施结成对口扶贫单位，很快又把它推到杭州（图4、图5）。

通过设计推进，让一个古村落从寂静无闻的土家族小村子，在全国建筑圈成为一个较知名的土家族山寨。通过小村庄挖掘及提炼盐运古道的价值，大量设计师进入，以设计为先导，把小村庄一点点推向全国乃至世界的展览。晶莹的盐或许会让这座偏于一隅的土家山寨再放光彩！

图1　2019年"土家族泛博物馆"国际巡展杭州站

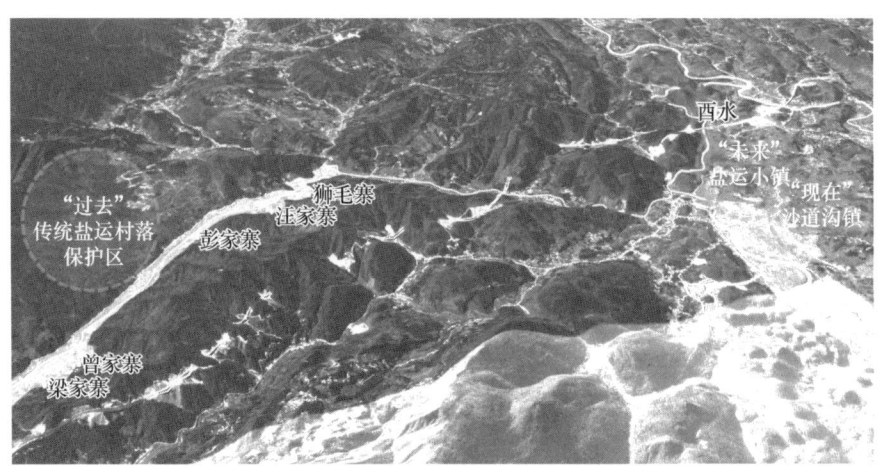

图2　盐道山谷的整体规划（一）

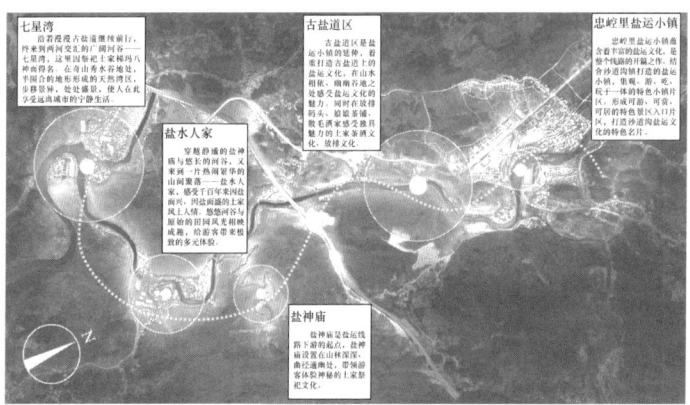

图 3　盐道山谷的整体规划（二）

图 4　2008 年彭家寨被评为中国历史文化名村

图 5　东南大学两河口老街改造（威尼斯双年展模型）

# 振兴出战略　乡建在升级

关瑞明
福州大学建筑与文化研究所所长、教授、博士生导师
中国民族建筑研究会民居建筑专业委员会副主任委员

**内容摘要**：本文围绕乡村建设话题，提出了"乡建六说"，并以福建建湖头村美丽乡村项目为例，提出了"美丽·景观""市政·村政""宜业·宜居"的概念。

**关　键　词**：美丽乡村；乡建实践；乡村振兴

## 一、乡建是一种转移与乡建六说

乡建是一种转移？这是《新建筑》杂志做的一个关于乡建的概念和质问，也提出了很多观点。乡建是一种资本的转移，权利舞台的转移，还是经济或社会问题的转移？或是建筑师规划师业务的转移？新型城镇化政策推动下，美丽乡村的保护、恢复、建设如何进行？村镇经济、社会治理仅仅是乡村建设的"软科学"？在"美丽乡村建设"学术研讨会上，很多参与乡建的建筑界专家们，纷纷亮出自己的观点，分享他们的经验。

这个过程中，我在圆桌会议上初步提出对乡建的四点看法，即乡建四说，提了四个问题：从政策导向到行业动向，从学术转移到设计转移，从政策主导到村民参与，从村民游憩到乡村旅游。

到了云南的玉溪会议时，从乡建四说发展成乡建六说，形成了完整的体系：从政策导向到行业动向、从传统低技到适宜技术、从市政工程到村政工程、从宜居宜业到宜业优先、从乡村规划到乡村设计、从制定目标到科学建构。

## 二、从政策导向到行业动向

美丽乡村建设，建筑界的动作有点滞后，因为早期它是一个政策性的行动，对"旧村"即中国历史文化名村的申报工作有针对性，是由住房城乡建设部和国家文物局共同组织评选的，保存文物特别丰富，且具有重大历史价值或纪念意义的，能较完整地反映一些历史时期传统风貌和地方民族特色的村落。后来出台了

针对"新村"即社会主义新农村建设的政策，是在新的历史背景下进行农村综合变革的新起点。

因此，乡村出现新村和旧村的矛盾，也涉及城乡之间的"二元差异"和新旧之间的"二元差异"，城乡之间有从事农业的农民与非农的村民之间的差异，传统聚落与历史街区之间的差异，乡村传统民居与街区传统民居之间的差异，中国传统的"风水观念"与现代普适的"规划原理"之间的差异等。新旧之间存在传统聚落与新村聚落之间的差异，传统民居与新型民居之间的差异，仿古与建新之间的差异等。其中，走"仿古"路线是以历史文化名村需要保护建筑风貌为由来否定时下的新村建设，走"建新"路线是以建设社会主义新农村为由去拆除被视为危房的传统民居。

回顾历史，1952年第一次全国建筑工程会议提出了建筑设计的总方针：适用、坚固、经济和美观。学建筑的人知道"经济"这一条是我们加的，其他三条是古罗马时期维特鲁威在《建筑十书》中提出的建筑三要素。1955年，建筑工程部召开设计及施工工作会议明确提出全国的建筑方针，就是"适用、经济、美观"，把"坚固"去掉了。

2005年，中国共产党十六届五中全会提出了建设社会主义新农村的重大战略任务，并提出了"生产发展、生活宽裕、乡风文明、村容整洁、管理民主"五点具体要求，对我们的影响非常大。之后出现了各种各样的称呼，美丽中国、美丽乡村建设、魅力乡村和富美乡村等，不同的部门及更多的人开始关注乡村。

### 三、湖头村的乡建实践与集成设计

福建省建瓯市小松镇湖头村是我们团队做的第一个美丽乡村项目，当时设计标题还是"美丽农村"。我们基于对新村和旧村的思考，提出"集成设计"概念。因为湖头村既不能用社会主义新农村的办法否定传统聚落部分，也不能用保护历史文化名村的办法，给新村组团穿衣戴帽，我们认为应该共存，通过"旧区旧办法，新区新办法"，同时增设协调区。我们把湖头村分为古村风貌组团、新建民居组团、农田景观组团、公共服务组团、综合服务中心等，规划设计完成后，大家比较容易接受，旧村的房子依照传统的建设理念，朝向各不相同，新村的建筑根据普适的规划原理，布局整齐划一。

我当时提出了"美丽·景观""市政·村政""宜业·宜居"的概念。

美丽·景观：对美丽的解读可以分解为人文美和环境美，环境美属于景观范畴，又可分为自然景观和农业景观。

市政·村政：在城市配套设施工程就是市政工程；在乡村配套工程可称之为村政工程，村政工程是一个子集成，是一个小化、减项的市政工程。

宜业·宜居：产业振兴在乡村尤为重要，应宜业优先，以业留人；业是农业，也包括其他产业；宜居可以拓展为对既有建筑居住品质的提升。

2012年，我们团队申请科技部"十二五"规划重大课题，在"田园社区城郊型美丽乡村建设综合关键技术集成示范"课题中提到的"集成设计"概念，是来自在湖头村的乡建实践经验。

### 四、从美丽乡村建设到乡村振兴战略

中国共产党十六届五中全会提出了建设社会主义新农村"生产发展、生活宽裕、乡风文明、村容整洁、管理民主"的五点要求，农业农村部在开展"美丽乡村"创建活动中，提出的总目标是"生态宜居、生产高效、生活美好、人文和谐"。两种模式从字面上看很相像，生活宽裕与生活美好、生产发展与生产高效、乡风文明与人文和谐……可以一一对应。在各个地方，比如天津市的"天津美丽乡村"评选活动标准是"经济发展好、农民收入高、村庄环境美、生态条件优、文化引领强、和谐氛围浓"，也不出左右；浙江省在开展"美丽乡村"创建活动中提出的目标是"规划科学布局美、村容整洁环境美、创业增收生活美、乡风文明素质美"，出现了与规划设计相关的内容，"规划科学布局美"被放在第一条。此外，浙江还提出"一张蓝图绘到底"的设计认识，引领全国的乡村建设。

2018年，中央1号文件公布《中共中央国务院关于实施乡村振兴战略的意见》和《国家乡村振兴战略规划（2018—2022年）》。

从美丽乡村建设到乡村振兴战略，它们的关系是什么？实际上美丽乡村建设是目标，美丽乡村包括了历史文化名村、社会主义新农村和传统村落。乡村振兴在国家层面是战略，在研究人员、设计人员层面是策略，我用的是"策略"不是

"战略",因为战略是"产业兴旺、生态宜居、乡风文明、治理有效、生活富裕",策略是"产业振兴、人才振兴、文化振兴、生态振兴、组织振兴"五个振兴,用五个振兴把乡村振兴起来,因此我认为:美丽乡村是建设目标,乡村振兴是实施方法。

把美丽乡村建设和乡村振兴战略结合起来,一个作为目标,一个作为方法。他们的前身不仅有建设社会主义新农村,还有历史文化名村保护;这是关注乡村、建设乡村、保护乡村的两个1.0级版本。美丽乡村建设和乡村振兴战略的相关目标可以对应起来,三者之间的关系是,建设社会主义新农村是1.0版,美丽乡村建设是2.0版,乡村振兴战略是3.0版,在乡村振兴战略的同时,还有一个"传统村落"的保护,在保护中振兴。

乡村振兴里的五个振兴之间也有影响,产业振兴是驱动引擎,在重要的位置上,只有产业的振兴才会有其他的振兴与之互动。组织振兴和人才振兴是保障措施,没有政策引领和组织保障,产业振兴几乎不可能;没有人才的回归、人才的引进和人才的培训,谁来振兴?同时,生态振兴和文化振兴是约束条件,切忌在产业振兴中生态被破坏了,文化被忽视了。

# 乡村振兴齐鲁样板背景下，山东传统民居的文化特色与传承

姜 波
山东建筑大学齐鲁建筑文化研究中心主任、教授
中国建筑学会民居建筑学术委员会学术委员

**内容摘要：** 本文从山东各地区传统民居的文化特色方面，论述了鲁中山区、胶东丘陵地区、胶莱平原地区、鲁西平原、鲁南山区、鲁西北平原地区这六个不同地域的村落特征；又从山东传统民居建造技艺传承方面，介绍了田野调研的方法，呼吁大家重视建造技艺的非物质文化遗产的保护与传承。

**关 键 词：** 山东民居；建造技艺；遗产保护

山东作为一个地理概念，原是广泛的地域名称，唐末和北宋时指太行山以东的地区。金代设置山东东、西二路，分别治益都和郓城（今东平），"山东"始作为行政区划名称。明初设置山东行中书省，治青州，改为山东承宣布政使司，移治济南。清初设置山东省，治济南，"山东"才成为本省专名，至今再无变更，其所属范围也基本没有改变。

山东位于黄河的下游，境内地形复杂，西部、北部属黄河冲积平原，中部、南部多为山地，半岛沿海地区属于丘陵山地。域内传统村落的历史形成与所处自然地理环境、人文环境和人口迁徙密切相关。山东省一向被称为孔孟之乡、齐鲁礼仪之邦，历史文化悠久，是中华民族远古文明发祥地之一。据考古发掘证明，在距今四五十万年以前，山东就有原始人类活动的痕迹，从原始的穴居到村落定居，山东人经历过了一个漫长的社会发展过程（图 1）。

自 1988 年中国民居建筑专业委员会举办第一届中国民居建筑学术会议以来，至今已连续举办三十二载。山东建工学院张润武教授是国内最早参与者之一，20 世纪 80 年代，我们便开始撰写大量山东传统民居论文，为国内学术界人士了解认识山东民居打开了一扇窗口，这是山东民居研究的起步阶段。

## 一、山东传统民居的文化特色

由于不同的地理环境和历史积淀，山东各地的民居形态差异很大。一般来说，地理环境相对独立，气候条件基本相似，历史传承比较接近，风俗习惯相同，传统村落形态会比较一致。山东的村落大体上可分为鲁中山区、胶东丘陵地区、胶

莱平原地区、鲁西平原、鲁南山区、鲁西北平原地区六个不同地域，各地村落民居呈现出不同的风貌特征。

1. 鲁中山区

山东丘陵主要集中在鲁中山区，泰沂山脉东西横列，山地凸起，各种资源丰富，山区又给民居提供了多种建筑材料的可能性，石头在民居营造中扮演了非常重要的角色。鲁中山区历史悠久，经济文化发达，曾经在齐鲁文化中扮演过重要角色，故民居类型十分丰富。近代以后由于交通不便，受现代生活干扰较少，故传统村落民居保存较好，也是目前山东民居保留最完整的地区（图2）。

鲁中南山区古为沂州府、泰安府和济南府、兖州府、青州府一部分，现主要包括临沂市、枣庄市全部和泰安市、济南市大部及淄博市南部、潍坊市西南部、济宁市东部。这一区域的地理形势为中部高，边缘低，泰山、鲁山、沂山等横列东西，主峰都在千米以上，构成山东省域的屋脊。脊部两侧是海拔五六百米的丘陵，这一地区旧石器和新石器时期遗址很多，为山东居住文化的发源地。丘陵外缘是山麓堆积平原，历来为省内旱涝保收的高产区，山东最早的房屋、聚落和城邦遗址都发现于此，如今仍是城乡聚落较稠密的地区之一。该区河流均源于山丘岭表，呈辐射状向四周分流，形成众多宽窄不等的河谷地带，村落依山傍水而建，除传统工矿区外，规模一般不大，多以"峪"和"寨"为通名。

2. 鲁南地区

鲁南地区方圆几百里的沂蒙山脉和其他低山丘陵构成了鲁南独特的地貌，鲁南石头民居风格朴素，构造简单，部分聚落依山就势形成，规模小且数量多，选向和布局都不甚讲究，极有山区村落的特点。枣庄山亭区的石瓦房以石片作为屋瓦，形式独特为其所特有（图3）。

3. 鲁西北地区

鲁西北地区古为东昌府和济南府、武定府的一部分，现包括聊城市、德州市、济南市和滨州市。鲁西北平原由黄河泛滥冲积而成，是华北平原的组成部分，由于历史上黄河多次决口、改道和沉积，因此该地区现存的传统村落已经很少。土坯民居是山东平原民居的特点之一，这种民居现存数量大，分布较广，尤以鲁北沿黄河滩区一带的平顶土坯民居为特色（图4）。

第三章 乡村·学术

图1 山东传统民居风貌

图2 鲁中章丘平原官道民居

图 3　鲁南沂南石头民居

图 4　鲁西北德州平原土坯民居

#### 4. 鲁中平原

鲁中平原主要指山东中北部的昌潍平原和胶莱平原，这里自古为典型的产麦区，经济较为发达，文化积淀深厚。高密为产粮大县，所建造的四合院与泥土和小麦有着密切的联系，简朴自然，最典型的就是土坯麦草房。受到老潍县建筑风格影响较深的寒亭砖房民居，建造精良雕饰细腻，显示出当地工匠高超的建造技艺（图5）。

#### 5. 鲁西平原

鲁西平原地处山东西部，为黄河故道，典型的冲积平原。该地区土地资源丰富，山地林地缺乏。由于缺少石料木材，民居建筑构造也相对简单，传统民居以土坯为主，夯土技术比较成熟，为防范洪涝灾害所形成的砖柱平顶结构一直保存到现在。因地处平原，故这一地区的民居院落较大（图6）。

#### 6. 胶东沿海地区

胶东地区位于胶莱河以东，为山东半岛的主体部分，古属登州府和莱州府东南部，现主要包括烟台市、威海市和青岛市所辖地域。胶东地区为丘陵地势，自古经济文化发达，尤以蓬黄掖村庄最为著名，其瓦房村落远近闻名，威海荣成等渔村的海草房也独具一格，成为山东最典型民居类型，而养马岛等近海岛屿民居则因地理环境的特殊，与内陆多有不同，自成一格（图7）。

### 二、山东传统民居建造技艺传承

山东具有丰富的民居类型，传统民居和村落具有一定历史、文化、科学、艺术、经济及社会价值，民居文化是山东省传统文化的重要组成部分。1949年以后，人们的居住条件虽然有所改善，但在相当长的时间里，民居形态变化不大，广大农村多保持传统面貌（图8）。

20世纪90年代，据统计，山东省共有107387个自然村庄，遍及全省139个县、区、市的2325个乡、镇，自然村庄分布十分广泛。近二十年来，由于城市的扩展，城镇化进程的加快，山东的村落总量在不断减少，特别是大城市近郊的农村在急剧消失。城乡二元结构的渐行解体，乡村特征快速地发生着蜕变或消失，各地传统民居建造方式的继承和保护面临着新的挑战，传统民居的建造工艺在民间传承不容乐观。

图 5 鲁中高密土坯麦草房

图 6 鲁西聊城平顶民居

第三章 乡村·学术

图7 胶东莱州海草房

图8 建造技艺非物质文化遗产传承

田野调研是传统民居保存的根基和技术灵魂,对之进行成谱系的整理和传承,既是为了使我们在遗产保护中拥有可以延承的传统建造能力,也是为了在乡村重建中获得可资转化的传统建造智慧(图9)。

自 2014 年开始,山东共开展了五批省级传统村落评选,共有 511 个传统村落入选。传统村落的评选是城镇化进程中传统民居保护的一种方式,非物质文化遗产保护也由此迎来了新的机遇。在选取有地域代表性的传统民居进行保护的同时,对传统建造技艺传承人进行保护,进而促进建造技艺的非物质文化遗产的保护与传承,做到"见物见人见生活"。

图9　针对传统民居的田野调查

# 遗产保护与身份认同：从理性主义到民族国家

潘　曦

北京交通大学建筑与艺术学院副教授

**内容摘要：** 本文从理性主义时间观和民族国家的角度，阐述了遗产保护的一些原则和做法，并指出当代的遗产保护是在不断地走向开放、可持续和多元化的过程。

**关 键 词：** 理性主义；民族国家；遗产保护

遗产保护是 20 世纪的共识。

20 世纪以来，和遗产相关的很多国际组织相继建立，和遗产相关的很多国际公约、宪章、文件、法规陆续颁布，夯实了现代社会对于建筑遗产保护的诸多普遍性共识。在今天，遗产不仅是学术界的话题，还越来越成为一项全社会关注的议题，每年世界遗产大会召开期间，哪些地方又成功申遗了，哪些地方未来有可能列入世界遗产名录，成为了各大媒体热烈报道的事件。

不过，要对过去留下的建筑遗存进行保护，在修缮的时候有意识地尽可能维系它们过去的样子，这件事情并不是自古以来就有的。例如在 16 世纪，教皇尤利乌斯二世（Julius Ⅱ）主导修缮长久以来因地震、战争和年久失修而损毁严重的圣彼得教堂时，修缮之后的主教堂就与原来的相去甚远，或者说根本就是一座全新的建筑，只是保留了旧建筑的一小部分而已。当时的工匠为此制作了一枚纪念章，上面写的是"templi petri instauratio"，大意是要让这个建筑焕然一新、得到重生（图 1、图 2）。

这种态度，和我国许多历史建筑中的修缮碑文颇为相似。这些碑文里往往用自豪欣喜的语气，赞颂有一批善人和工匠出资出力，把倾颓的老房子修葺一新，福泽后世，至于修完之后的房子跟修之前的样子是什么关系，似乎并不是什么值得提及的事情。

可以说，把前人留下的建筑作为宝贵的遗产，仔细地根据它原来的样子实施保护，这是现代社会才有的事情。那为什么现代社会对待历史遗存的态度会发生这样的转变呢？下面我想从现代社会的两项产物：理性主义时间观和民族国家来解释遗产保护的一些原则和做法。

## 一、理性主义与遗产保护

现代社会遗产保护的意识之所以产生，首先和现代社会理性主义下时间观的巨大变化有着密切的联系。在前现代社会，人们更多地保持着静止的或是循环往复的时间观，似乎今时与往日并没有绝对的不同，过去也会在未来的某一时刻重现。所以房子破旧了不好用了，修一修让它能重新用是一件很正常的事情，它过去的样子并不是需要刻意保护的。

而启蒙运动之后，现代社会确立了线性的时间观，人们意识到现在和过去截然不同，过往的这些历史飞速消失、一去不返，激起了人们惋惜、怀念的情绪，也因此产生了遗产保护的种种行动，我们今天所说的"乡愁"就是这样的情绪。遗产保护中的许多原则，例如真实性、最小干预和可逆性，就是与这种线性的时间观密切相关的。

### 1. 真实性原则

真实性是现代遗产保护最重要、最基础性的原则，说的是对遗产进行保护干预的时候，要尽可能地减少对遗产上承载的不同时期的历史信息的减损或者更改。

但是，这个原则在17世纪之前是不存在的。在当时，修复行为"restoration"本身就是一种艺术创作，修复者可以根据自己的猜测或喜好来进行修复。直到18世纪启蒙运动已经十分深入的时候，艺术史家温克尔曼才认真地讨论了艺术品的原初部分和后加部分，认为两者是要进行区别的。后来他的朋友，雕塑修复者卡瓦切皮又进一步细化了这一观点，他认为如果你修复的时候试图去纠正原作，那么这就不是修复，因为这件艺术品被改成了你自己的作品了。

例如19世纪初期修复罗马斗兽场的时候，采取的措施就是受损部分后面修建了一段砖扶壁（图3），把建筑当时的状态"冻结"住，包括已经发生的变形，最大限度地保留了历史信息。而且，加建部分与原始部分是截然不同的，这种做法，衍生成为了今天遗产保护中的"可识别性"原则。也就是说，在保护过程中添加的部分应该和原来的部分有所区别，让人分得清哪里是原来的、哪里是新加的。不应该用新加的部分去冒充旧的部分，混淆了真实的历史信息，也就是我们常说的"修旧如旧"严格意义上是不完全准确的，准确说应该是修旧如故，但是新旧有别。

第三章　乡村·学术

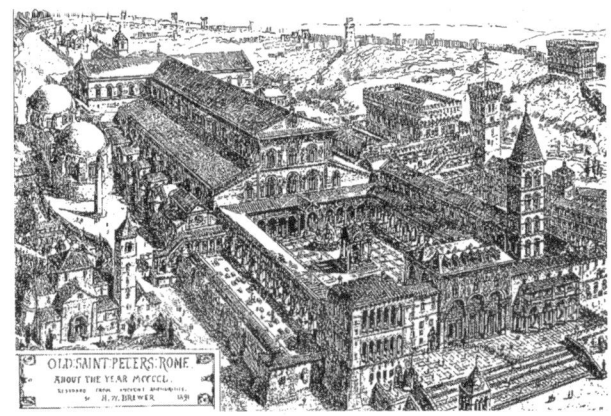

图1　14、15世纪的老圣彼得教堂（来源：Henry William Brewer，绘制于1891年）

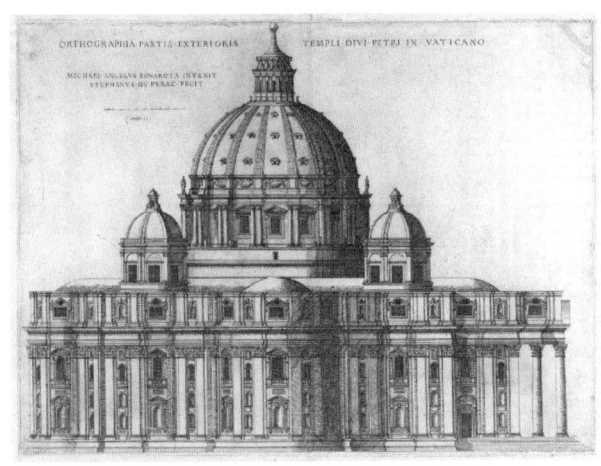

图2　米开朗琪罗设计的新圣彼得教堂（来源：Michelangelo Buonarroti绘制，Stefan du Pérac雕版，发表于1569年）

图3　罗马斗兽场19世纪初修复的部分（来源：林徐巍绘）

而这一原则背后，就包含着线性的时间观。也就是说，"今人"所做的事情应该与前人所做的事情加以区别，并对"前人"所留下的遗存给予理性的认识与充分的尊重。

2. 最小干预原则

除了可识别性之外，由真实性衍生出来的另一条遗产保护原则叫作最小干预（minimal intervention），指的是在对遗产进行保护的过程中，要尽可能地减小保护措施对遗产的扰动。

最小干预原则的背后，也包含着线性的时间观。一方面，"今人"对于"前人"留下的历史保持了理性与尊重，尽可能地保存遗产承载的历史信息；另一方面，"今人"也对"后人"保持尊重，今天解决不了的问题，或许随着技术进步今后就可以解决了，所以我们现在的动作尽量小一点，就是给后人留下了更多余地。

不过，最小干预并不意味着对遗产彻底不管了、什么都不做，而是要在遗产能够存续的前提下尽可能地让保护措施动作最小。例如日本奈良的唐招提寺金堂，日本人在 21 世纪初花费了十年时间对它进行落架大修。所谓的落架大修，就是把木构架拆了重新组装，这种做法动作是非常大的。而且粗粗看起来，修缮前建筑变形的程度并不大。那为什么还要落架大修呢？是日本人没有遵循最小干预原则吗？非也。日本专家分析发现，这栋建筑的变形很大程度上是多次地震造成的，这些结构变形不会自动恢复，而是会日渐累积。如果再经历一次地震，建筑就无法承受了。所以即使看起来不严重，也要落架大修，否则再地震一次，就不是落架能解决的问题了。

3. 可逆性原则

可逆性说的是对于遗产保护采取的干预措施，应该是可以撤销的，不会破坏实施干预之前的遗产本身。

这条原则，比较早出现在 17 世纪末，修复者卡罗·马拉塔在梵蒂冈修复由文艺复兴画家拉斐尔创作的壁画时，非常节制地使用颜料，并且特意留下了一块地方没有做修复，作为修复前状态的记录，他希望以后任何比他更合适做这项工作的人都可以把他的修复去掉，而代之以自己的笔触。

可逆性原则背后所依据的思想，本质上是线性时间观之下对于未来的理性与尊重。遗产保护的技术会不断发展，观念准则会不断变化。在保护中采取具有可逆性的措施，可以给未来留下空间，让后人选择他们认为更好的保护方案。

## 二、民族国家与遗产保护

除了理想主义下的线性时间观，现代社会的另一个产物是民族国家。

在前现代社会，国家大多以王国、帝国的形式存在，国家的边界以其领袖的统治范围来划定，同一个贵族可以根据继承法则兼任不同国家的国王，一场婚姻的缔结或解散也可能大大改变两个国家的领土范围。例如欧洲历史上阿奎丹公国的女公爵先后嫁给法国和英国国王，就导致了英法两国领土的剧烈变化。而启蒙运动之后，资产阶级革命和民族独立运动使得民族国家成为了现代社会最主导的国家形式。也就是说，人们是依靠"我们属于同一个民族（nation）"这样的想象建立起国家的。而在这个想象的共同体的建构中，遗产成为了一种重要的手段。因为遗产意味着人们有共同的过往，从而导向同一个民族的身份归属。所以，现代民族国家天然就有充分的动力去重视遗产。

譬如第一次世界大战结束后，战胜国在巴黎和会上讨论战后领土划分，有的人就提出，民族形式的建筑分布到什么地方，国土范围就应该划到什么地方。尽管最后没有真的那么去划分国土，但是我们仍然可以看到，建筑遗产承载了民族国家的共同体想象，参与了其身份认同的构建（图4）。

图4　巴黎和会（来源：William Orpe，绘制于1830年）

但是，在这一动机下所开展的遗产保护，有时候却会动摇前面那些遗产保护的原则。例如遗产保护中最重要的"真实性"原则，有的时候就没有被很好地遵守了。因为遗产保护一旦指向一个明确的实用性目标——承载和塑造民族国家的身份认同，对遗产的价值阐释就必然经历主观的判断和选择，很难做到完全客观理性了。

同时，后现代主义也对历史的真实性提出了质疑，人文地理学家大卫·洛温塔尔（David Lowenthal）有一本著名的遗产理论著作《往昔是异乡》（The Past is a Foreign Country），说的就是过去无法真正到达，就像被空间阻隔的异邦一样，人们看到的历史永远只是局部，历史最终是当代人塑造的，充满了主观性。所以，遗产保护实际上也是一种当代的阐释，它的保护措施总是无法避免地、有意无意地在体现当代人的诉求。这个时候，真实性还存在吗？下面来看两个例子。

第一个例子是雅典卫城的保护。在今天人们的心目中，雅典卫城无疑是希腊这个国家的象征，代表着西方文明的源头、辉煌的古希腊文明；卫城中的古希腊建筑，比如帕提农神庙，则是西方古典建筑的源头。然而实际上，雅典卫城自公元前5世纪建成以来，在两千多年里经历了很多种身份和状态。

在古希腊和希腊化时期，它是献给雅典的保护神雅典娜的圣地。到了基督教全面扩展的拜占庭时期，这里显然无法再作为"异教徒"的圣地了，这一时期的卫城成为城市的行政中心，帕提农神庙则改为了教堂。奥斯曼帝国占领希腊之后，帕提农神庙被加上尖塔、成为了清真寺，又在1687年的"奥斯曼–威尼斯战争"中作为火药库，遭到炮击而严重损毁。之后，雅典卫城又被用于各种各样的用途，里面曾经建造过各种各样风格的建筑，甚至还有过居民的私搭乱建。18世纪晚期，雅典卫城伴随着古典研究的兴起，成为了人们调研学习古典建筑的场所，也成为一些人觊觎的对象。其中最为著名的事件就是英国的埃尔金伯爵从帕提农神庙上带走了一批大理石雕像，后来又卖给了大英博物馆，被命名为埃尔金大理石，直到今天仍然陈列着，而卫城则变得更加破败了（图5～图7）。

1822年希腊独立之后，希腊人展开了对卫城的修复。但是希腊人并没有去保留卫城不同历史时期的多种样貌，而是有意识地弱化了上千年的历史变迁，强调它古典时期的样貌。这严格来说是不符合真实性原则的。而这种主观选择的原因，

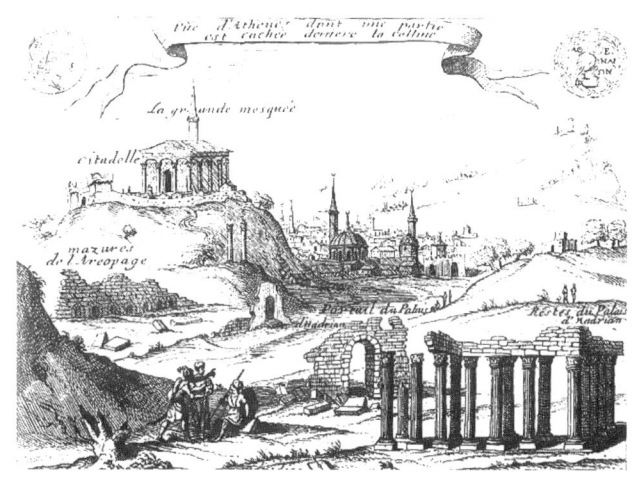

图 5　17 世纪的雅典卫城（来源：Jacques Paul Babin 绘制，1672—1676 年由 Jacob Spon 出版）

图 6　18 世纪的雅典卫城（来源：William Pars，绘制于 1764—1766 年）

图 7　19 世纪早期的雅典卫城（来源：Pierre Peytier，绘制于 1830 年）

是为了让卫城呈现出希腊人最光辉时刻的样子，成为当代希腊民族精神的承载（图 8）。

第二个例子来自德国。当遗产保护成为服务于"今人"的当代阐释，遗产的类型也变得越来越丰富，越来越深入地参与到当代社会生活中时，作为"我们"的"今人"也进一步细分为了不同的群体，持有不同的立场和诉求。最终得以实践的保护行为也就成为了多方利益协商平衡的结果。

例如，德国的德累斯顿圣母堂在二战中损毁，50 多年后启动了重建工程，而关于要怎么重建的问题，不同人群之间就产生了冲突。老百姓支持的是把教堂按炸毁前的样子重建起来，因为与教堂相关的历史仍然留在他们的记忆中，其中的情感价值是他们十分看重的；遗产保护专家不同意，他们认为仅靠照片就在只剩废墟的原址上修建一座教堂，这几乎就是在重塑一个历史风格的布景，是与遗产保护的真实性原则严重不符的；而一些建筑师支持重建，但并不想建成炸毁前的样子，而是想结合历史和自己的想法进行创作，建造一座全新的教堂。

最终，老百姓胜利了，教堂按照历史中的样子被重建了起来。这一过程中各方人群的争论，生动地体现了遗产保护的当代性。当遗产保护越来越深地"嵌入"当代社会，就会广泛地与不同的人群发生关系，因而不同人群的利益诉求就会相互碰撞，其最终的协商结果决定了保护的走向（图 9、图 10）。

当然，这种利益协商也可以达到一种更加圆满的平衡。比如说日本著名的社区保护案例妻笼宿，还有我们在松阳看到的很多案例，实际上都体现了政府、投资人、运营商、技术人员、村民等各方诉求的协调，在遗产保护和社会利益之间达到了一种很好的平衡。

总之，我们可以看到，遗产保护的观念和方法在不断变化，也受到不同因素的影响。在不同的情况下，遗产保护可能会采取不同的做法。但整体来说，当代的遗产保护正在不断地走向开放、可持续和多元化。希望在松阳，我们可以看到这种多元化的遗产保护的优秀实践案例。

图 8　21 世纪修复中的雅典卫城（摄影：潘曦）

图 9　重建前的德累斯顿圣母教堂废墟
（来源：Giso Löwe，摄于 1958 年）

图 10　重建后的德累斯顿圣母教堂
（来源：Netopyr，摄于 2010 年）

# 乾隆年间的一次"乡村振兴"

刘文炯

北京大学历史学系博士后、中央美术学院人文学院博士

**内容摘要：** 本文以微观的角度，从当下与明清时期的对比，江南塞北的对比，自下而上的松阳乡村振兴路径与自上而下的蔚州城乡互动路径的对比，多元可持续路径与国家规制化路径的对比四个方面展开，结合了在松阳的实地考察，来探索乡村振兴。

**关 键 词：** 乡村振兴；空间规制；城乡互动

与乡村振兴升级角度相比，本篇以相对纯粹的微观角度，来探索乡村振兴。结合实地考察松阳，以及笔者十几年的研究经验，本篇主要从四个方面展开对比、探讨。一是，当下与明清时期的对比；二是，江南与塞北的对比；三是，自下而上的松阳乡村振兴路径，与自上而下的蔚州城乡互动路径的对比；四是，多元可持续路径，与国家规制化路径的对比。

## 一、问题的提出：从真武庙到玉皇阁

图 1 中显示的是蔚县西陈家涧堡北部的庙宇群，从侧面依北向南、由高而低来看，分别是玉皇阁、真武庙、龙王庙，三者呈台阶状排列。根据笔者 2009—2016 年对河北蔚县古村的持续考察、研究，发现照片中存在一个问题，即每座建于明正德、嘉靖时期古村堡正北方的位置，通常都建有真武庙，但在照片中，该位置却是一座玉皇阁。通过笔者对二者位置关系的细微追溯，最终发现在清乾隆年间蔚州曾经发生过的一次"乡村振兴"。

人们一般都会觉得这 3 座庙宇的空间关系有趣，但对于笔者而言，却在内心形成一个很大的冲击。进一步而言，笔者在玉皇阁和真武庙之间，拆开的台基、后墙的空间关系中，窥察到其背后的多重结构关系和深层的复杂情绪。

在 2007 年出版的《蔚县古堡》一书中，曾组织完成一系列蔚县古村堡的测绘图。以此为基础，再结合 2009 年北京大学艺术学院郑岩教授与笔者组织中央美术学院人文学院文化遗产专业学生所完成测绘图，笔者发现，在明正德、嘉靖年间，蔚县古村堡的西侧和北部，存在着时序层面的空间打破关系，该部位曾经应该存在一个类似操场的空间。以此为参照，笔者对蔚县县城的城市空间做了比较研究，

第三章　乡村·学术

图 1　西陈家涧堡北部的庙宇群
[源自罗德胤:《蔚县城堡村落群考察》,《建筑史》(第22辑),2006年8月,第177页]

结果有两点发现：其一，两种类型蔚县古村堡，一种是在明正德、嘉靖年间，因并堡御敌而建成，另一种是明隆庆合议之后陆续建成，后者多为前者的同名扩展部分，通称为前者的"前堡""后堡""上堡""下堡""南堡""北堡""东堡""西堡"等；其二，现存蔚县老城区的范围（原城墙的轮廓），属于明初蔚州卫指挥使周房在元代蔚州旧城基础上扩展的结果。事实上，这是一个极为重要的发现，该发现修正了数百年来，世人对蔚州州城的既定认识，即"兔跑城"传说中，周房雪天遇兔、追兔，再根据兔跑踪迹来建城。加之，在族群关系冲突加剧的过程中，迫于生存压力，城（堡）墙变得异常重要，同时，城（堡）墙外部空间是不能使用的，其内部空间也被规制化了。在上述研究的基础上，笔者提出了"空间先定""西北模式"两个概念。该系列概念能够准确说明，在明正德、嘉靖时期，同属于长城防御体系的蔚州城、村堡，尤其是二者之间的具体区域性特点。

以上述研究成果为背景，再来看蔚县水涧子西堡、东堡（图2中的①型），和水涧子中堡（图2中的②型），与①型对应的庙宇是真武庙，与②型对应的庙宇是三官庙或玉皇阁，②型是在①型基础上扩建的结果，②型晚于①型生成。因此，当突然发现村堡北墙之上不再是真武庙，而是玉皇阁的时候，很可能就是遇到了②型。其实，无论①型还是②型，其空间模式都能在蔚县县城中找到相应的原型。有一点需要强调，蔚县县城中相应的原型，要远早于村堡，这一方面说明村堡模拟州城建设，即城乡互动的存在，另外也能说明该区域存在着某种规制性的驱动力，该驱动力是自上而下推行的（图3）。

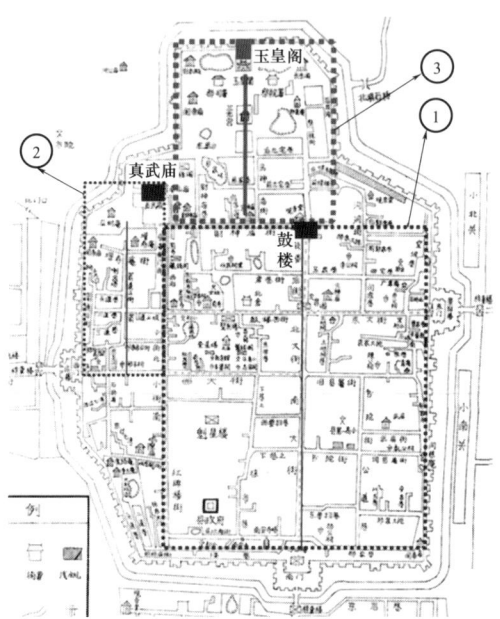

图 2　蔚县古堡平面图示

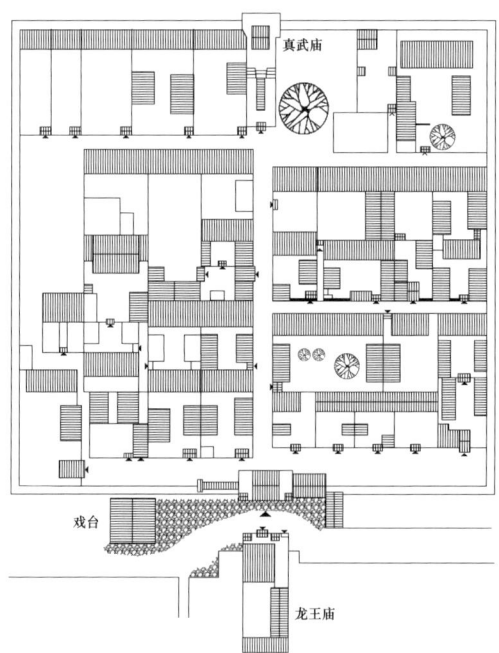

图 3　水涧子东堡平面图（源自罗德胤：《蔚县古堡》，北京：清华大学出版社，2007 年 11 月）

## 二、空间规制的变迁

2016年夏秋之交，从正面看3座庙宇的情况。

当时，正在进行美丽乡村建设，玉皇阁和真武庙之间除了高低的区别之外，二者间还有一条仅容1人走过的通道。因正在改建真武庙，其后墙已经被拆掉了，可以看到过道之后的拱门，出于玉皇阁台基的前侧面，属于二券二伏结构，该拱门内堆满了大块的乱石和杂土（图4、图5）。

接下来，笔者用了4天时间整理出一块极为重要的碑，该碑文非常完善。但是，笔者发现碑文中反复提及台基的"规模"和"高低"问题。碑文的撰写人叫常维翰，他还为大、小饮马泉堡写过碑文。其中，他在大饮马泉堡的碑文中，开宗明义地提到"规制始全"，这四字是清乾隆年间的原文，也就是说，不仅在常维翰心里存在一个"规制"，在乾隆时期的村民心中，也有着类似的"规制"，大家是心照不宣的。显然，上述"规制"，就是指碑文中庙宇的空间关系，即村堡现存的空间格局。那么，乾隆三十年前后，蔚州古堡正在经历着什么（图6）？

回过来再看，常维翰在强调重建于"上层"的玉皇阁，尤其是其殿基的"规模"；关于另一座庙宇空间位置的表述，却非常模糊，仅以"旧有"两字一掠而过，同时，庙宇名称已被故意凿掉，被凿掉的"□□"部分，应为"玄帝"二字。为什么要凿掉"玄帝"二字？

于是产生了三个问题：

其一，"旧有"与"原有"所指向的时间点分别是什么？

其二，在整通保存完好的碑文中，单单凿掉"玄帝"二字，这与常维翰在碑文中扬玉皇阁而抑玄帝庙的叙述心态是一致的，那么乾隆三十年间，西陈家涧村民是如何看待玄帝庙的呢？

其三，"上层"和"次层"究竟是怎样的关系？尤其，"鼎而新之"之于"次层"玄帝的殿基，是指新建还是指重修？若是新建，玄帝庙的原址应在何处呢？若是重修，就意味着玄帝庙的殿基，不是修筑在玉皇阁殿基中央拱门下侧的台阶之上，这将与前文的推测不符，同时，若没有台阶的话，该拱门又曾作何用呢？

在对陈家涧研究的基础上，笔者还对白家庄（6堡2组）、水涧子、饮马泉、

图 4 玉皇阁和真武庙之间通道

图 5 玉皇阁台基前

图 6 玄帝庙碑文局部

卜家庄五组村堡群，做了类似研究，结果见表1。

表1 白家庄、水涧子、饮马泉、卜家庄五组村堡群调研情况

| 村堡群名称 | 具体村堡名称 | 庙宇系统 | 军堡 | 民堡 | 备注 |
|---|---|---|---|---|---|
| 白家庄 | 白河东、白宁堡、白南堡 | 真武庙—三官庙 | 非 | 是 | 五组村堡群庙宇系统，与所属军、民堡的对照结果是，曾经作为军堡的小（东）饮马泉，其庙宇系统中仅有真武庙，没有玉皇阁和三官庙 |
| 白家庄 | 白后堡、白中堡、白南场 | 真武庙—玉皇阁—三官庙 | 非 | 是 | |
| 水涧子 | 水西堡、水中堡、水东堡 | 真武庙—三官庙 | 非 | 是 | |
| 陈家涧 | 东陈家涧、西陈家涧 | 真武庙—玉皇阁—三官庙 | 非 | 是 | |
| 卜家庄 | 卜家庄南堡、卜家庄北堡 | 真武庙—玉皇阁 | 非 | 是 | |
| 饮马泉 | 大小（西）饮马泉 | 真武庙—玉皇阁—三官庙 | 小（东）饮马泉 | 大（西）饮马泉 | |
| 饮马泉 | 小（东）饮马泉（堡门信息显示创建于嘉靖五年） | 真武庙 | 小（东）饮马泉 | 大（西）饮马泉 | |

由此产生了一个隐约的判断，即新的村堡公共空间规制的三个特点："中心位置""最高点""下开拱门"。因此，乾隆三十年前后，一次规制鲜明的"乡村振兴"，正在蔚州西北乡有条不紊地展开。

### 三、空间规制的来源，及城乡互动动因的考察

上述空间规制的一致性、稳定性特点，可以触摸到发生在乾隆三十年前后的那次"乡村振兴"。被模仿的对象，正是蔚州城北墙之上的玉皇阁。

从制度层面看，在清康熙三十二年，蔚州卫被改变成了蔚县。即从原先的蔚州和蔚州卫同城并置，转变为蔚州、蔚县两套行政管理系统并存。因蔚州、蔚县属于性质完全相同的体系，所以二者存有多方面冲突；清雍正六年，雍正皇帝曾提出改制的想法；直到清乾隆二十二年，才最终结束了州、县同城的尴尬局面，州县合并之后，整座蔚州城内，仅保留蔚州这一行政系统。

至此，不难理解新的空间规制，在清乾隆三十年间，在蔚州西北乡的民堡里集中推行，应该是上述制度变革的结果。就目前的资料来看，尤其是从明万历到清乾隆年间，玉皇阁日渐成为蔚州城的中心；后伴随着蔚州蔚县的最终合并，州城与村堡间的互动在进一步加强，该空间规制也日渐下移，为各村堡所模仿。

以蔚州路径和松阳路径作比较，我们不难发现，发生在华北区域的乡村振兴，是以一种自上而下的方式在推进，可以明确感知到国家意志的存在，这和当下松阳路径有着巨大的差别。

## 四、小结

1. "蔚州路径"

玉皇阁、真武庙等庙宇，是明初蔚州城防建设制度空间化的结果，至清中期，村堡开始模仿州城的空间规制，该过程并未直接载入大、小历史的文献之中，而是潜藏于时人的观念之中。本文从玉皇阁殿基和拱门的视觉、物质、空间等微观的视角切入，发现、分析问题，最终触摸到清乾隆三十年间"乡村振兴"的"蔚州路径"。

2. 松阳路径与"蔚州路径"

"蔚州路径"是明清时期制度变革背景下的政策使然，其驱动力来自于皇帝及其智囊团，是自上而下的结果。而松阳路径是当地政府与建筑、金融、数字科技等领域精英的主动整合，致力于区域历史传统与现代性的结合，旨在塑造当代的松阳文化，属自下而上的探索，其启示性和示范意义不言而喻。

# 美国乡土建筑保护

**黄川壑**
北京林业大学博士、成都设计咨询集团高级工程师

**内容摘要：** 本文以美国乡土建筑为例，分享了美国乡土建筑保护实践中六种最主要的保护形式，提出了理论始于实践、多方机构组织力量整合、法律保护等启示与思考。

**关 键 词：** 乡土建筑；博物馆；日常景观

乡土建筑作为直接从社会和文化进程中生长起来的建筑，它的保护史也可以看作更加全面且真实的建筑保护史。从乡土建筑出发，正是希望以平凡的乡土对象作为背景，以期待更好地理解所谓精英对象的价值。

正如美国著名的保护专家指出，"美国的保护起于自发运动，成熟于实践的总结。"

我选择的"范例"，包括历史住宅博物馆、户外博物馆、历史城区、城镇中心、日常景观、印第安文化遗产，涵盖了美国保护实践中六种最主要的保护形式。将这些保护实践放置在时间序列之中分析发展脉络，以及推动这些变化的动因，也就是我试图推导的"美国经验"。下面挑选令人印象深刻的几个"保护事件"进

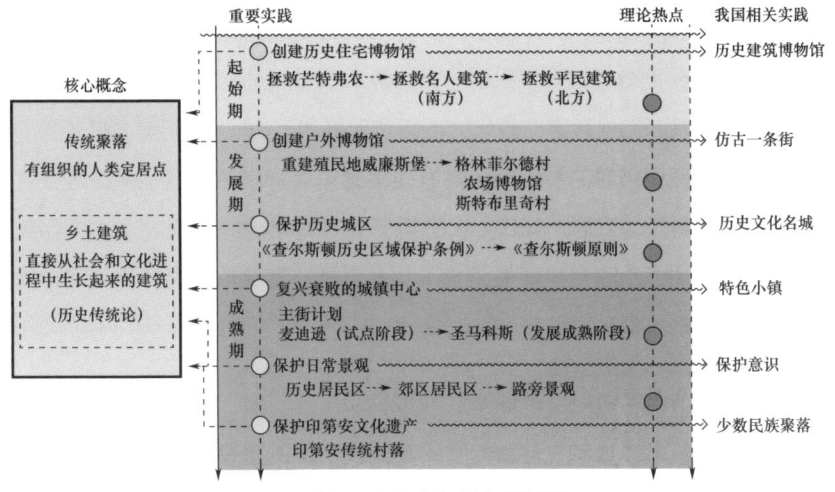

图 1 从实践出发的"范例"

行分享（图1）。

## 一、早期自发的保护运动——创建历史住宅博物馆

在"起始期"中，历史住宅博物馆始于拯救华盛顿故居，再扩展到其他名人建筑；北方的保护，从公共建筑出发，延展到乡土住宅。

美国早期的保护活动大都集中在殖民历史悠久的地区，如南部的弗吉尼亚和北部的新英格兰。南部由于天时地利适合发展种植业，因此也出现了很多财力雄厚的贵族。南方第一次自发、规模化、组织化且影响力最大的保护实践，是由种植园主的女儿安坎宁安发起，她成立了美国第一个历史保护组织即芒特弗农女士协会，并于1958年成功拯救华盛顿故居（图2～图4）。

为了拯救在当时可能被变卖的华盛顿故居，而政府又不出钱，协会发起人四处筹集资金，最终筹集了20万美元获取了财产的所有权，开始对其修复。并在当时提出了很专业的保护理念："防止任何破坏，不做任何改动，尽可能原状保护"。通过华盛顿故居的成功拯救，掀起了南方的保护运动，很多名人故居都在此期间被保护下来（图5）。

北方的保护运动与南方不同，南方社会存在明显的两极分化，有钱有势的贵族注重名人建筑的保护。而北方地区以移民为主，经济地位相差不大。因此北方的市民阶层更多的是关注城市和公共生活环境，保护的对象多数是具有群众记忆的公共建筑，如旧南会堂、旧州政厅。但在1907年，修复保罗里维尔这一普通住宅极大地开拓了保护者的视野，采取了很多激进的处理方式，如拆除后来加建部分，恢复建筑原貌。而这一事件最大的贡献在于培养了20世纪初美国最著名的保护者威廉·埃伯顿。当时的波士顿虽然有很多建筑保护组织，但是保护对象大多数局限于公共建筑，面对这一现状，埃伯顿于1910年创建了新英格兰古物保护协会，开始重点关注乡土住宅，随后拯救了几十座具有建筑价值的乡土住宅，如保罗·里维尔住宅等（图6、图7）。

## 二、走上专业化轨道——创建户外博物馆

在"发展期"中，重建户外博物馆始于规模空前的殖民地威廉斯堡，扩展到

第三章 乡村·学术

图2 芒特弗农女士协会

图3 华盛顿故居

105

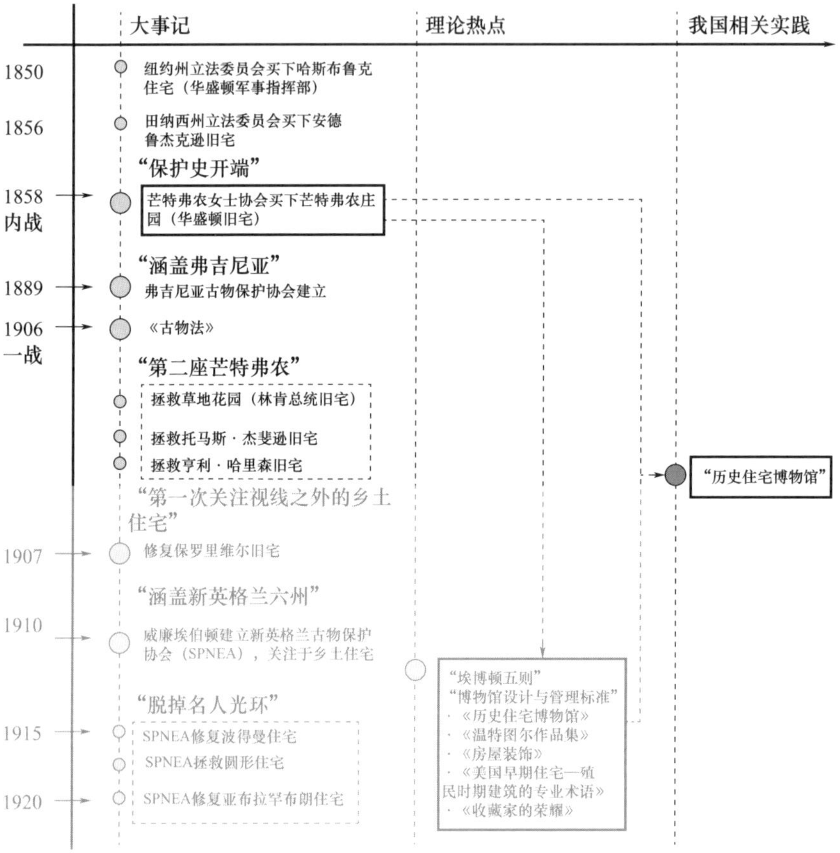

图 4  保护运动大事记时间轴（1850—1906 年）

图 5  林肯故居与托马斯·杰斐逊故居

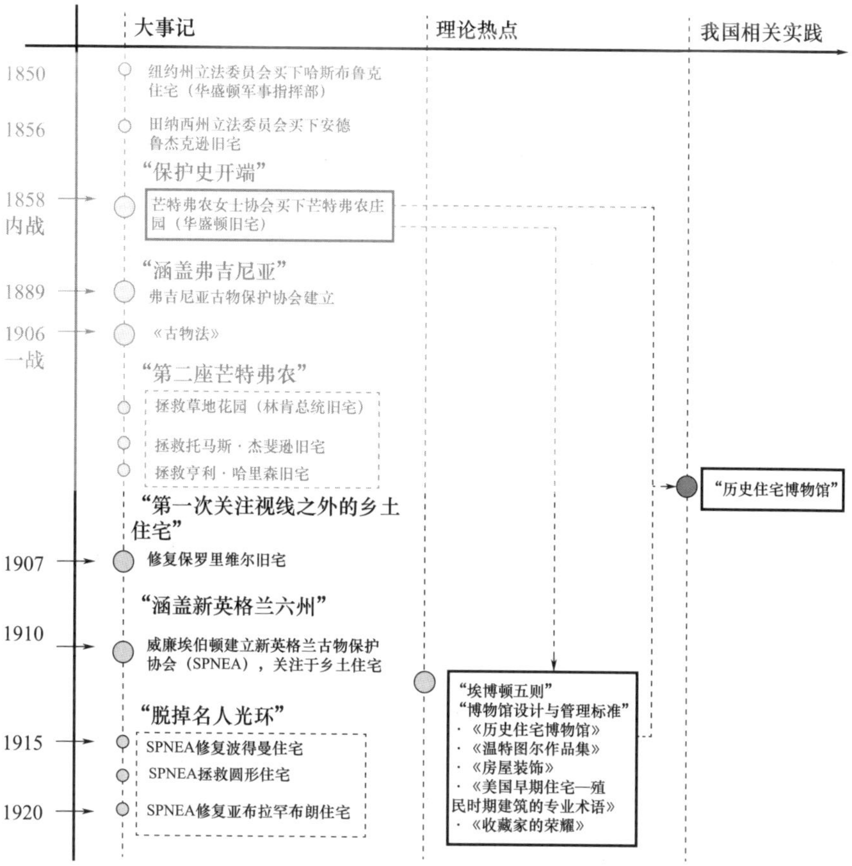

图 6 保护运动大事记时间轴（1907—1920 年）

图 7 保罗·里维尔住宅（修复前后）

同类的户外博物馆村镇。后来保护历史城区始于查尔斯顿，第一部历史区域保护条例也在这里颁布。

1926年开始，保护范围从歌颂美国历史的圣地转移到了展示日常的社会历史博物馆，开始诠释"全面、真实的历史"（图8、图9）。

20世纪上半叶影响力最大的保护实践无疑是威廉斯堡的重建，威廉斯堡起于对单体建筑的修复，但最终重建了整个城镇。这一重大的成就可以说是历史住宅博物馆的演变成果，它自身也推动了户外博物馆保护形式的成熟。

为了实现视觉真实性。团队创建了"复原十则"。无论是建筑外观、室内或花园，在采取措施前都应仔细分析，要有精确的史料作为证据等。后来又完善了嗅觉、触觉等感官真实性体验。文化真实性的修复到了20世纪60—70年代才实现。因为多数人不愿意面对黑人的历史，学界批评后才复建了奴隶小木屋以及不同阶层平民居住的房屋，威廉斯堡才正式从歌颂美国理想的圣地转变成了社会历史博物馆。

为了迎合多方面的市场需求，当时也有很多不同的规划项目，比如威廉斯堡的在线教育资源，针对学生与教师的教育项目——每个人都可以根据停留时间选择合适的活动，还可以免费获取电子信息、新闻和在线教学资源。此外，还有一些很高档的消费措施，比如温泉酒店、会议中心等（图10）。

在此影响下，出现了多个类似的户外博物馆，如福特汽车小镇、农场博物馆等。其中很多开始关注并展示"日常"生活的历史。并配合着开展一些教育项目来让游客更好地学习这些历史。这一时期的保护大多是精英阶层的投入，通过传达的价值观来体现作为精英的社会责任感。

### 三、法律基础的确立 —— 保护历史城区

1931年，查尔斯顿成立了美国第一个历史保护区，后来也推动联邦政府颁布了第一部区域保护条例——《历史场所法》（1935年）。查尔斯顿的保护始于汽车大发展时期的破坏，很多人特别苦恼如雨后春笋般出现的加油站，伴随着一栋栋老建筑被拆毁，因此有人站出来拯救这些建筑。由于人力和财力有限，人们发现了博物馆保护方案的缺陷。在这时，当地有历史社会责任感的人积极寻求市场资

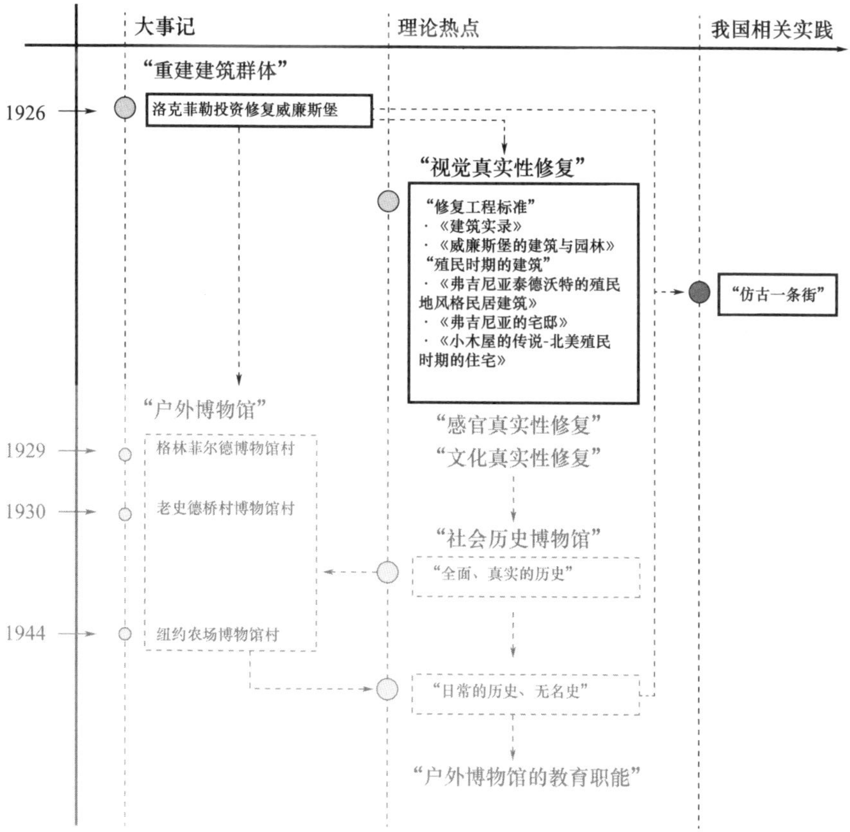

图 8　保护运动大事记时间轴（1926 年）

图 9　铜版画上的维恩大楼与修复后的维恩大楼

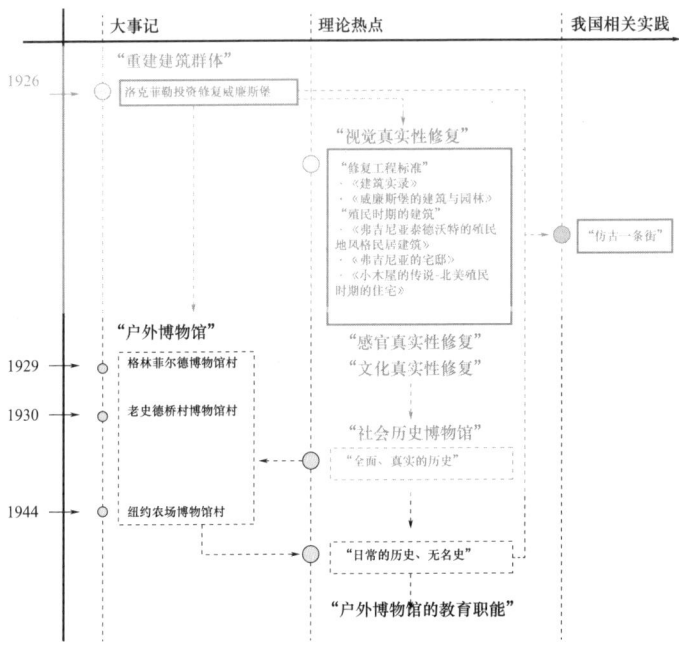

图 10　保护运动大事记时间轴（1929—1944 年）

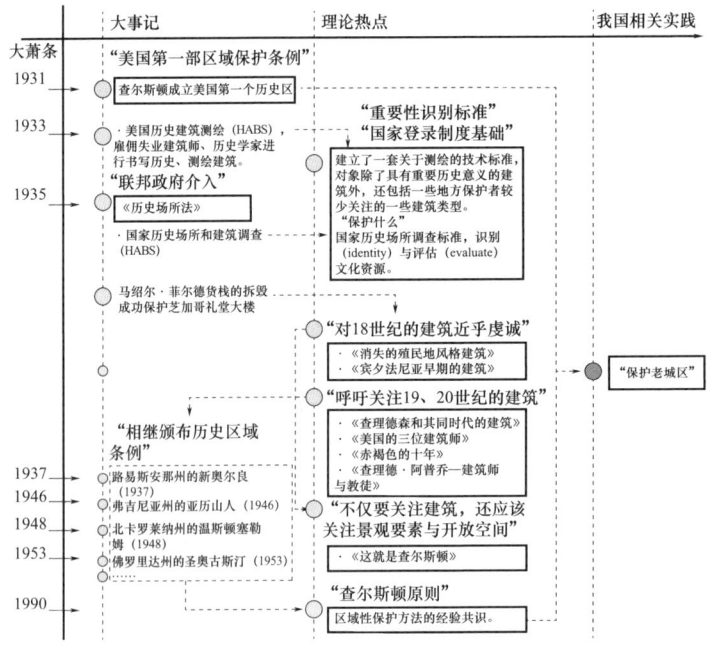

图 11　历史城区法律保护大事记时间轴（1931—1990 年）

金的介入。通过循环基金（Revolving Fund）的运作，解决了资金问题（图11）。

当时一位名叫多萝西的保护先驱，在多个街区购买、加固和转售了大量房屋，并且充分利用了她多年以来拯救的，如门、窗等各种建筑构件来修复这些房屋。可以说她个人的工作很大程度上激励了整个衰败街区的复兴。图12显示的彩虹排屋就是当年保护的成果，也成为了今天的打卡圣地。

**四、体系化与市场化发展 —— 复兴衰败的城镇中心**

在"成熟期"中，国民信托为了复兴衰败的城镇中心，开始了"主街计划"，美国保护体系与理论发展日趋成熟。本文选取了试点阶段的麦迪逊和发展成熟阶段的圣马科斯为例。

二战后，美国颁布了最具影响力的立法——《国家历史保护法》。这部法律最重要的创新在于创建了历史财产的保护机制，即建立了历史保护咨询委员会。法律要求联邦机构在行动前要评估其行为可能对历史文化遗产造成的影响。这样使得保护更加慎重，避免了随意性的行为（图13）。

这一时期，一方面由于石油危机的到来与环保意识的崛起，另一方面由于建筑成本的急剧增加与相对变化较小的人工成本，人们开始关注成本、投入、收益，使得旧建筑的再利用出现了利润空间。更重要的是税收改革法鼓励对旧建筑进行再利用，使这一行业有利可图。如1981年出台的《经济复兴税收法》，加大了税额抵扣的力度，那些原本对历史保护毫无兴趣的开发商也被吸引到这一领域。从1981年到1986年的四年间吸引了82亿美元的投资，对1万多栋建筑进行了保护和再利用。

这一时期保护者与开发商第一次结成了同盟，期间涌现了很多建筑再利用的优秀实践，如昆西市场与巴尔的摩港的更新。始于历史建筑单体的修复与再利用，后来人们开始复兴具有成片历史建筑的城市中心。

郊区大发展之后，主街破败程度较高，空心化严重。为了进一步拯救在大发展中输给郊区的市中心，找寻失去的场所精神，当时提出了主街复兴计划。主街计划借鉴了现代商业中心的管理办法，雇佣一个全职的主街经理，一方面积极与主街区域所有商家进行沟通，达成保护共识并且建立群众基础。另一方面雇佣一

图 12　彩虹排屋，区域性建筑再利用

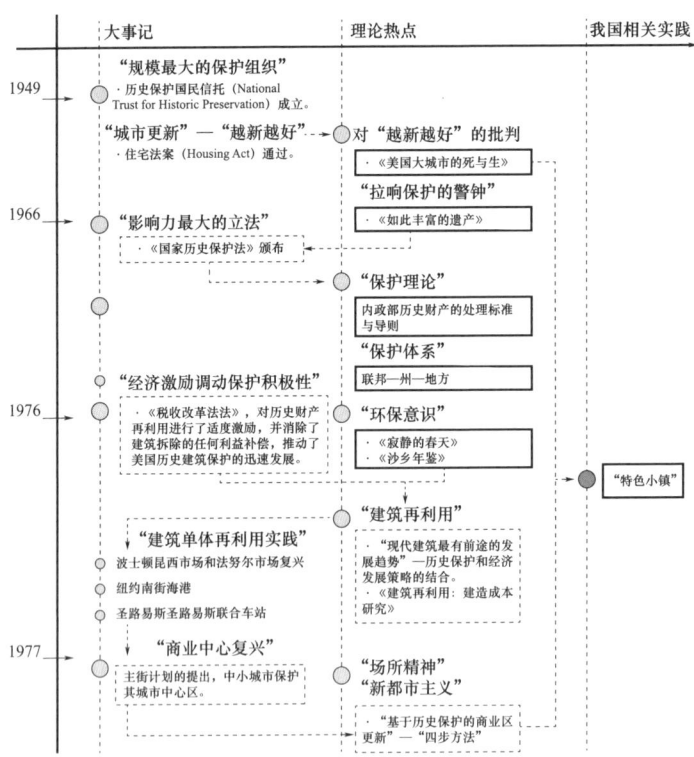

图 13　保护历史城区立法大事记时间轴（1949—1977 年）

些外来的咨询公司，负责制定经济、设计与宣传策略。为了调动群众的参与积极性，主街经理想尽了各种办法。比如促使国民信托派遣了影片摄制组去记录了修复历史建筑店头的过程，并且将麦迪逊作为《历史保护》杂志的封面。许多当地的居民出现在了纪录片和杂志之中，当他们看见这些成果公开出版后，都觉得十分自豪（图 14）。

在试点阶段，3 个主街计划的城市都出现了一种"回归城市"的趋势。下一阶段，主街计划从试点到成熟的实践推动了基于历史保护的商业区复兴运动，很快全国就有上千个城镇开始推广运用这一策略，取得了不少成果。

**五、回归大众化 —— 保护日常景观**

20 世纪 70 年代后期，日常景观和"近期的历史"开始成为理论热点，成为了被关注的新型文化景观。这种保护意识的转变开辟了保护实践的新领域，大量具有保护价值的普通建筑被关注。我当时所在的图森市市中心在城市更新中被完全破坏，但幸运的是中心区域周边的老居民区作为幸存的对象被保护了下来。漫步于这些居民区中能够欣赏到不同的建筑特色，如 Bariio libre 历史居民区为典型的索诺兰乡土风格，El Presidio 为典型的西班牙殖民时期风格，这正是得益于该州高效的保护。与大部分其他州一样，亚利桑那州也会基于当地语境编写标准规范来保护州内城市的历史风貌，如建筑高度、后退、比例等，还会参照内政部的标准与导则指导材质的维护、建筑构件及细部的修复与更新。这些历史居民区中建筑的门、窗、屋顶、门柱等建筑要素都参照语境原则被很好地保护下来。可以说 19 世纪和当代的图森建筑风貌没有太大的变化（图 15～图 17）。

在很好地保护了市内的历史居民区后，部分位于郊区、"二战"后修建的居民区也被列入保护对象，学者们的努力功不可没，他们指出，这类按照样板图册建造的普通住宅也是了解美国文明的线索，也具有相当重要的价值（图 18）。

视线再移远些，不难发现依托于美国巨大公路网生长的建筑也正是最具美国特色的乡土建筑，作为美国汽车文化衍生出的结果，路旁景观也在逐渐成为学界热议的对象。1992 年弗吉尼亚帕木浦进行道路扩建工程的时候，进行历史调查后发现两个较古老的加油站和汽配商店，因此对两栋建筑进行了迁址保护。这是历

图 14　不同节日中的主街

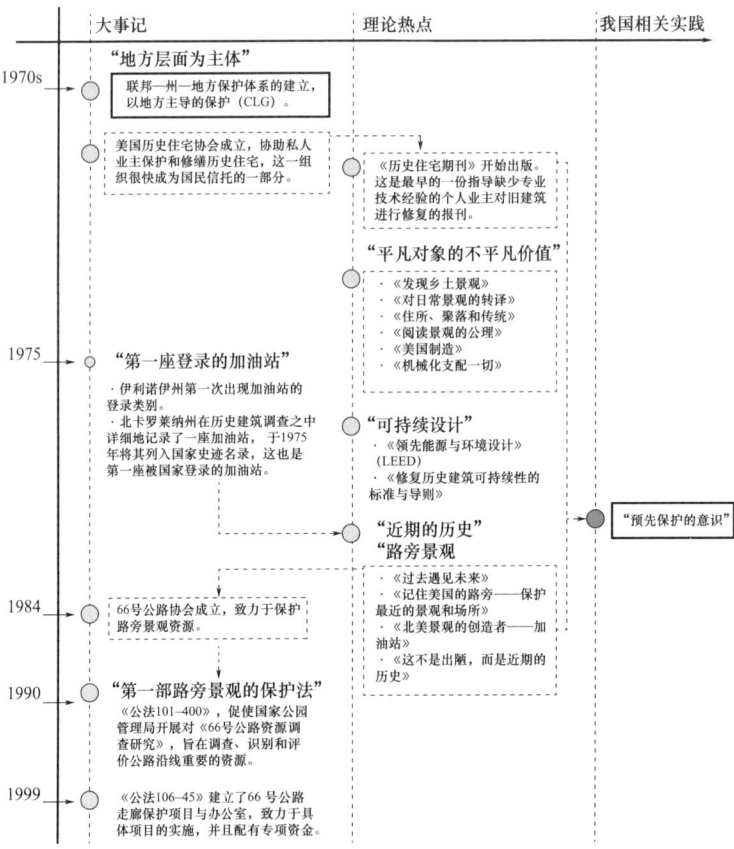

图 15　保护历史城区立法大事记时间轴（1970—1999 年）

图 16　19世纪的图森与当代的图森

索诺兰（Sonoran，1840—1890）

图 17　历史居民区

农场风格（Ranch，1935—1975）

图 18　郊区居民区

史保护领域一项前所未有的拓展，加油站曾在查尔斯顿时期被视为历史保护的敌对对象（图19）。

若干公路旁默默无闻的小镇，正代表着更为广阔的路旁乡建。1984年，亚利桑那州路段的66号公路正式退出历史舞台，草根群众联合起来组建了66号公路协会，致力于沿线历史资源的保护。赛里格曼正是路旁的一个小镇，在衰落之后，历史协会致力于筹集资金，用于保护这一小镇。一些建筑涂鸦都是居民的创意，院落中收藏展示的复古汽车都是一代代传下来的，几乎所有建筑都挂有历史建筑保护标牌，如今已成为网红打卡点以及一些复古美剧的取景地（图20）。

驾车行驶在公路上，不难发现建筑前的标牌才是真正主导道路空间的元素，其中最具特色的莫过于融合了声、光、电的霓虹灯标牌。由于20世纪80年代和90年代各地城镇颁布的标牌设计标准，严格限制高度和宽度。当人们意识到这种特色文化的缺失之后，很多城市都开展了拯救标牌的计划，如凤凰城拯救"跳水女士"标牌的个案，到后来的图森市开始梳理并拯救整条历史性霓虹灯标牌景观带。

最终，无数自发的努力激起了全国性的保护力量，美国国会于1990年颁布了法律，开展对66号公路资源的调查与研究，并于之后建立了66号公路走廊保护办公室，保护着美国的这条母亲路。我国的路旁景观如318风景大道，这几年也在不断更新，成为人们到此一游的打卡点，也是诗与远方的呼唤（图21）。

## 六、启示与思考

从19世纪到21世纪，美国在消极与积极动因的相互博弈下，乡土建筑保护的理论与实践取得了丰硕的成果。保护视野走过了从单体到整体、精英到平民、古代到近代、建筑到景观、物质到非物质、漠视到珍视的漫长曲折道路，留下许多启示（图22）。

（1）保护理论始于实践，自成体系，有着客观真实、认同变化；最小改变、新旧和谐；分类对待、服务当下的共性原则。

（2）有着各司其职、通力合作的保护机构，公共部分负责标准引领，私营部分负责市场引导，非营利组织负责力量整合。

（3）有着结合实践、奖惩并用的保护法律，并以激励为主、强制为辅。

第三章 乡村·学术

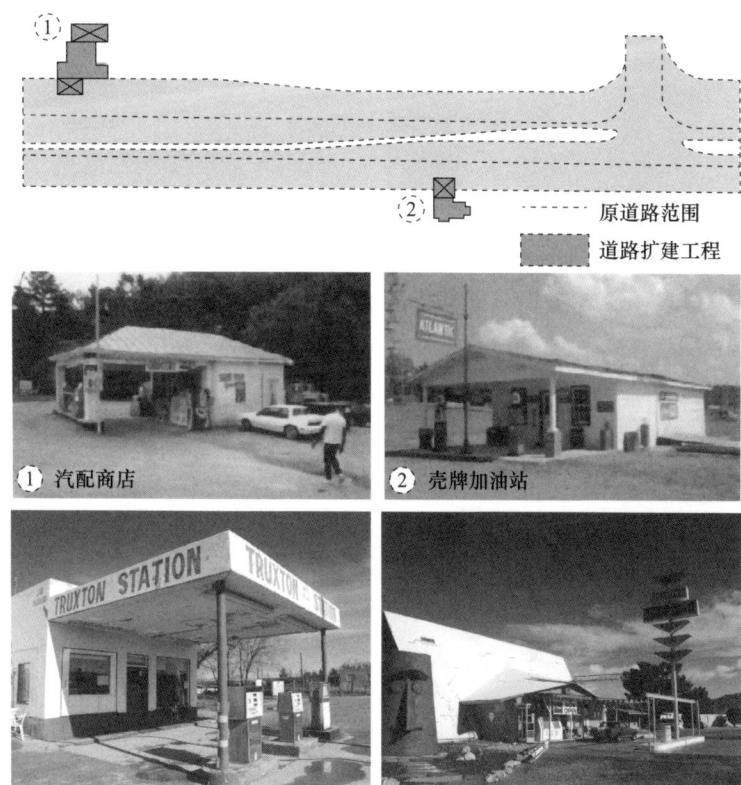

图19 路旁景观

图20 由创意复活的路旁景观

117

图 21 中国 318 国道

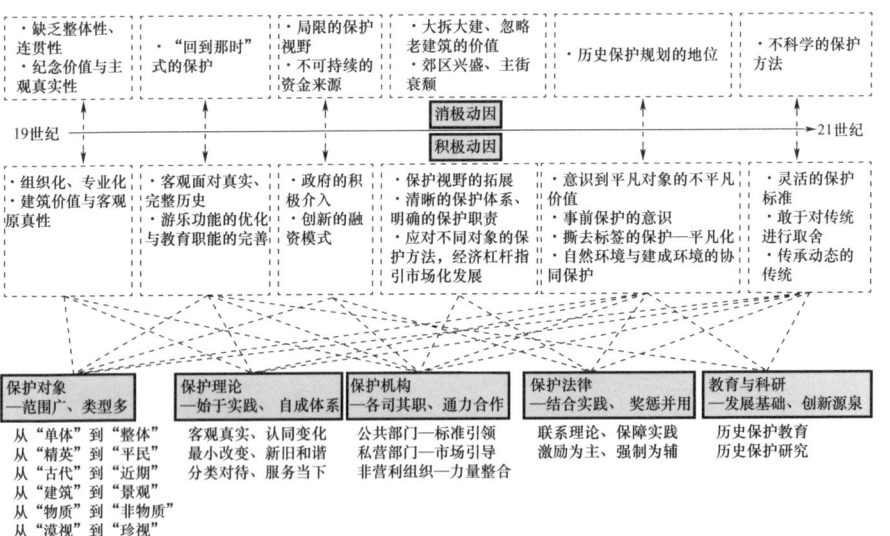

图 22 保护理论与实践的发展与演变

（4）教育与科研体系作为发展的基础与创新的源泉。目前美国许多大学都开设了历史保护这门专业，培养了很多实用型人才，使保护更加科学、合理。

我国历史悠久，这是美国无法相比的。美国拥有50年历史的建筑就能被列为保护对象，而我国有许多乡土建筑，少则几十年，多则几百上千年，至今还散落民间，无人问津。如四川屏山县明清时期的龙华古镇（图23），大多房屋已经空置，没有如松阳般聚集的人气；位于四川资中县双龙镇建于明代万历年间的跳蹬子桥（图24）；位于四川阿坝县神座村具有百年历史的伸臂桥（图25）；也有成都的一处20世纪70年代的破旧老楼，被称为"鸳鸯楼"（图26），引来无数的摄影爱好者打卡，可以说是"年轻的遗产"，但正面临拆迁。

所有的保护大都是起于破坏，往往消失了若干年，才认识到它不平凡的价值。所有这一切，值得我们认真思考，特别是当前我国正处在快速城市化进程中，吸取教训，取其精华，至少可以少走弯路，何乐而不为。

图23　四川屏山县龙华镇

图24　四川资中县双龙镇跳蹬子桥

图 25　四川阿坝县神座村伸臂桥

图 26　成都的鸳鸯楼

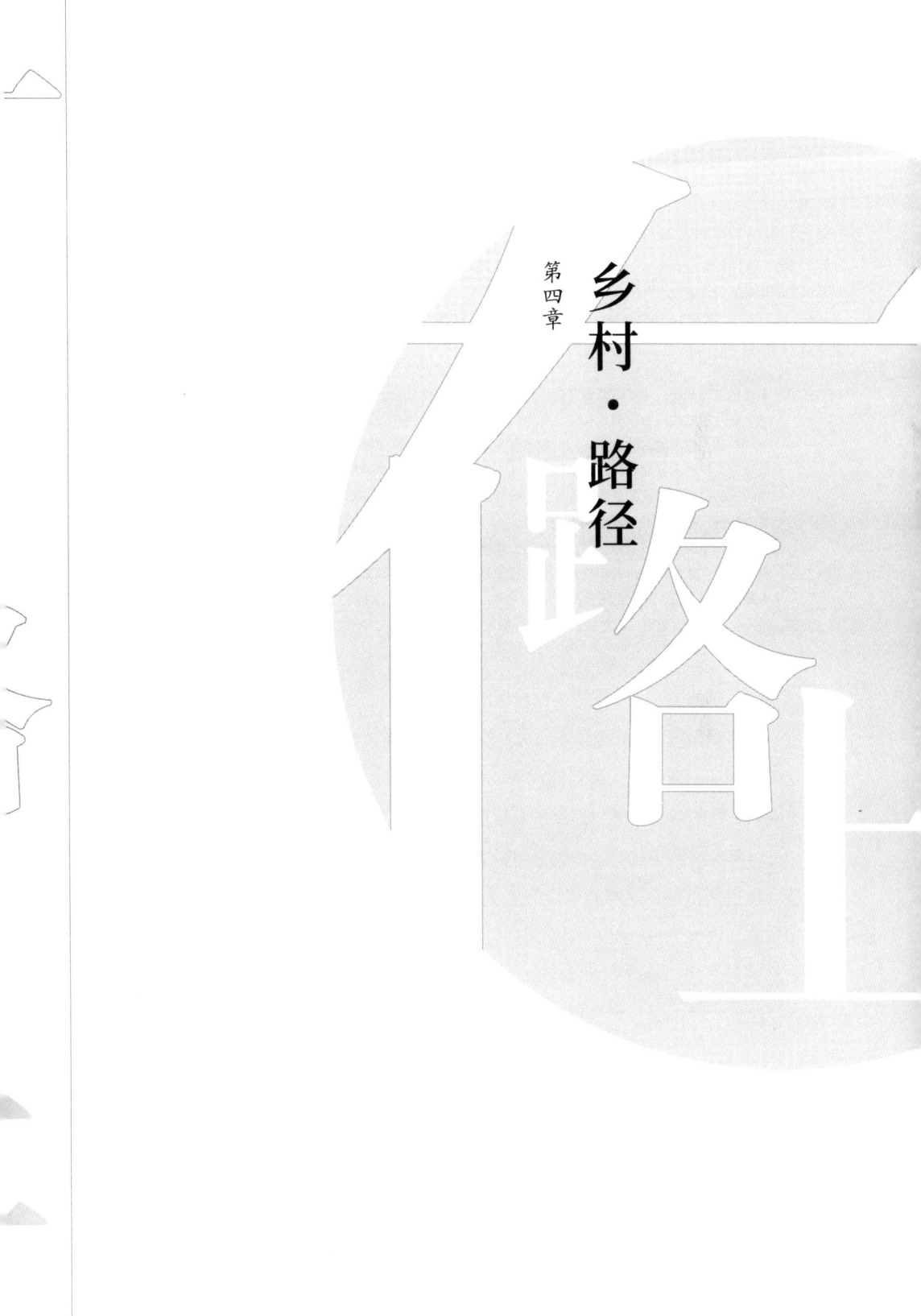

# 第四章 乡村·路径

# 村落保护和乡村振兴的松阳路径

罗德胤
清华大学建筑学院副教授,乡村复兴论坛主席

孙　娜
北京清华同衡规划设计研究院有限公司遗产中心七所所长

付敬诺
北京清华同衡规划设计研究院有限公司遗产中心七所研究专员

**内容摘要**：本文从古村战略、山地战略和文化高地战略这三条线索,论述了松阳县近年来的村落保护和乡村振兴事业。古村战略着重的是松阳文化资源的文化遗产属性,尤其表现为地方和国家部门在遗产保护上的互动。作为地方的松阳,因为积极探索而获得了来自国家部门的支持。而作为国家部门的住房城乡建设部和国家文物局,则从松阳的地方实践中获得了可贵的方法、经验和示范性效应。山地战略着重的是松阳山区的景观属性和生态属性。景观属性最初的体现是摄影,继而是写生,然后是民宿度假业。生态属性尤其表现在推行全息自然农法。文化高地战略着重的是文化定位和文艺策略。文化定位是对已有资源做出简洁明确的、能体现地方特征的、有文化高度的概括与归纳。文艺策略是基于文化定位而做出的策略性选择,目的是让松阳在保持其文化定位的前提下,展现出具有想象力的、超越当下的未来图景。

**关 键 词**：传统村落；乡村振兴；村落保护；文化战略

位于浙西南山区的松阳县,自 2012 年以来致力于传统村落保护发展与乡村振兴事业,取得了一系列令人瞩目的成绩。松阳县有 75 个国家级传统村落,是住房城乡建设部公布的两个传统村落保护发展示范县之一[①],是国家文物局公布的首批唯一传统村落保护利用试验区,也是中国文物保护基金会[②]"拯救老屋行动"项目首个整县推进试点县。更难能可贵的是,松阳县为传统村落保护发展所做的种种努力和试验,影响力已经超出文化遗产行业,拓展到了乡村振兴、文化艺术、山区发展等领域。2019 年 5 月在肯尼亚首都内罗毕举行的首届联合国人居大会上,松阳县受邀作为"中国乡村振兴战略"的代表,跟来自 116 个国家的 3000 余名代

---

① 另一个是云南建水县。
② 中国文物保护基金会（China Foundation For Cultural Heritage Conservation）创立于 1990 年,是经中华人民共和国民政部批准、由国家文物局主管的具有独立法人地位的全国公募性公益基金组织。

表分享了创新经验。①

本文作者于 2013 年 8 月第一次考察松阳，其后由于工作、研讨会等原因，先后数十次前往该地，有幸参与了传统村落保护发展的实践项目，也有机会对其他相关的诸多项目保持了持续观察。通过对这些项目的回顾与思考，本文尝试梳理松阳县近几年在村落保护和乡村振兴事业上的发展变化与内在逻辑，并总结其方法、经验和路径（图 1）。

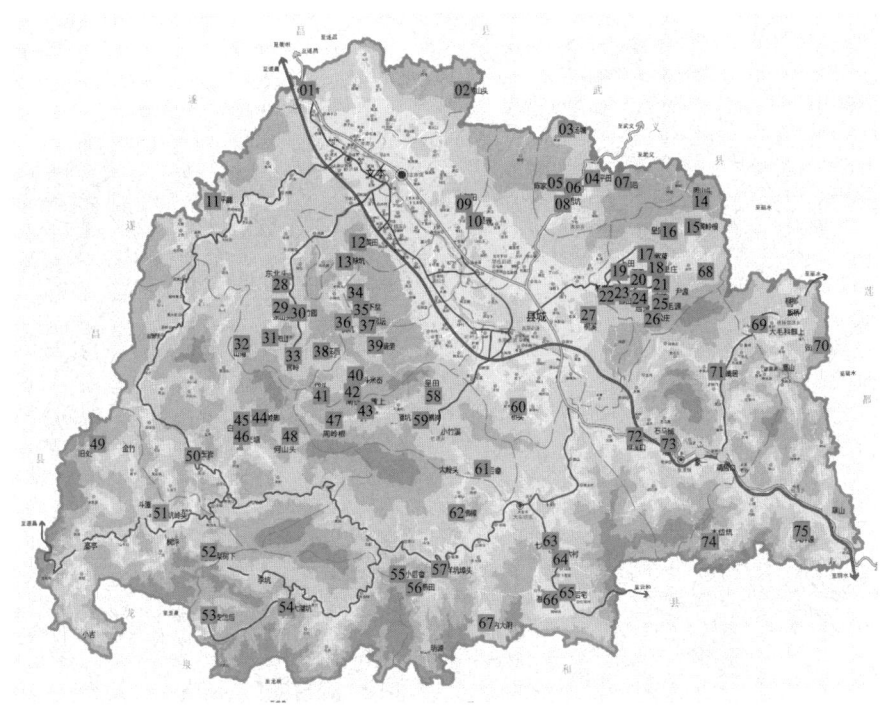

图 1　松阳县国家级传统村落分布图

图 1 中，各数字代表的含义如下：01—赤寿乡界首村；02—赤寿乡黄山头村；03—四都乡汤城村；04—四都乡平田村；05—四都乡陈家铺村；06—四都乡庄河村；07—四都乡塘后村；08—四都乡西坑村；09—古市镇山下阳村；10—望松街

---

① 《人民日报》赴肯尼亚特派记者万宇，《首届联合国人居大会与会专家：中国城镇化先进经验为世界提供借鉴》，国务院新闻办公室网站 2019 年 5 月 31 日，http://www.scio.gov.cn/37259/Document/1655791/1655791.htm。

道吴弄村；11—新兴镇平卿村；12—樟溪乡黄田村；13—樟溪乡球坑村；14—三都乡周山头村；15—三都乡黄岭根村；16—三都乡呈回村；17—三都乡紫草村；18—三都乡里庄村；19—三都乡上田村；20—三都乡下田村；21—三都乡上庄村；22—三都乡杨家堂村；23—三都乡酉田村；24—三都乡后湾村；25—三都乡毛源村；26—三都乡松庄村；27—西屏街道桐溪村；28—新兴镇东北头村；29—新兴镇张山头村；30—新兴镇竹囤岗头自然村；31—新兴镇朱山村；32—新兴镇山甫村；33—新兴镇官岭村；34—斋坛乡上垄村；35—斋坛乡下垄村；36—叶村乡横坑村；37—斋坛乡吊坛村；38—新兴镇庄后村；39—叶村乡膳垄村；40—叶村乡斗米岙村；41—叶村乡岱头村；42—叶村乡南岱村；43—竹源乡黄上村；44—玉岩镇大岭脚村；45—玉岩镇白麻山村；46—玉岩镇交塘村；47—竹源乡周岭根村；48—玉岩镇何山头村；49—枫坪乡钱余宝钱源旧处自然村；50—玉岩镇玉岩村；51—枫坪乡沿坑岭头；52—枫坪乡梨树下村；53—安民乡安岱后村；54—安民乡大洋坑村；55—大东坝镇小后畲村；56—大东坝镇燕田村；57—大东坝镇洋坑埠头村；58—竹源乡呈田村；59—竹源乡横岗村；60—水南街道桥头村；61—竹源乡后畲村；62—大东坝镇横樟村；63—大东坝镇七村；64—大东坝镇六村；65—大东坝镇后宅村；66—大东坝镇蔡宅村；67—大东坝镇内大阴百鸟朝凰自然村；68—三都乡上源村；69—板桥乡大毛科麒上自然村；70—板桥乡张山村；71—象溪镇靖居村；72—象溪镇雅溪口村；73—象溪镇南州村；74—裕溪乡木岱坑村；75—裕溪乡凤弄源村。

## 一、古村战略

古村落是松阳县最大的文化资源，但这一项文化资源并不是在一开始就得到认识的。实际上在当时浙西南山区的松阳、龙泉、武义这几个县内，都保留有比较多的以夯土民居为主体的村落。除了个别已经列入中国历史文化名村的村落，当地的干部群众并不觉得这些村子有多高的文化价值。2012 年之前的若干年里，"旧村改造"才是松阳县的主旋律。松阳县的古村落之所以在后来成为具有全国知名度的文化遗产，要归功于两个因素：一是地方政府和文化界人士在观念上的及时觉醒，二是国家部门的及时关注。

1. "旧村改造"

所谓"旧村改造",跟早些年在很多城市出现的"旧城改造"一样,主要内容是拆迁和新建。根据蔡卫民等发表于 2009 年的文章:自 2008 年松阳县委、县政府提出"改造空心村、撤并自然村、建设新农村"的旧村改造目标、启动农村危旧房改造工作以来,全县共有 28 个平原村启动了第一期旧村改造工作,5 个山区乡镇实施"整村搬迁、下山脱贫",156 个自然村实施了"自然村撤并",718 户农民通过旧村改造盘活了闲置宅基地,解决了建房用地,通过旧村改造可新增规划建设用地 11.2 万平方米。①

到 2010 年 6 月,一份《松阳县旧村改造工作情况》指出:旧村改造作为新农村建设的总抓手,县政府整合政策、项目、金融资源向旧村改造村重点倾斜;县财政每年拿出 2000 万元专项经费,专门用于旧村改造;同时积极利用新增建设用地复垦指标有偿调剂政策筹措项目资金,重点用于旧村改造;对连片拆除破旧房面积达 3000 平方米以上或拆除面积经重新规划后能够满足本村 15% 以上农户建房需求的,每平方米补助村集体 50 元;连片建新房 10 幢以上的,按每幢 5000 元的标准给予基础设施建设资金补助;复垦耕地则每亩补助 4 万元和 1000 元地力培育经费,并减免县级管辖范围内的一切项目规费;对整村搬迁农户每人给予 3500 元补助,低收入农户集中村则在整合省、市补助政策基础上,每人给予 10100 元补助;2008 年以来,我县在旧村改造上的投入累计已达 2.89 亿元。②

从这两份文献可以看出,对农村拆迁尤其是整村搬迁的鼓励政策是相当大的。在传统村落保护的观念已经基本上被各地政府了解和接受的今天,我们看到力度如此之大的拆迁,自然会认为不妥。但是在当时,这并不是一个地方的特殊行为,而是颇为普遍的现象。社会主义新农村建设是党中央于 2005 年十六届五中全会上提出的农村发展战略,在那之后的一段时间,"建设"而非"保护"就是很多地方的农村的主要工作。浙江省自 2003 年全面推进的"千村示范、万村整治"工程,和 2008 年源自安吉县的美丽乡村建设,在改进农村环境、提高农村生活水平方面

---

① 蔡卫民,郑功帅,李梅香. 浙江省松阳县旧村改造"改"出新农村 [J]. 城乡建设,2009(08).
② 松阳县委县政府. 松阳县旧村改造工作情况 [DB/OL].http://syxww.zjol.com.cn/syxww/system/2010/06/28/012305832_03.shtml,2010-06-28.

取得了巨大成绩，而在古村落、古民居保护上，尽管也有"对有价值的古村落、古民居和山水风光进行保护、整治和科学合理地开发利用"的表述，但是力度更大的政策和措施，则是在2012年4月浙江省政府出台《关于加强历史文化村落保护利用的若干意见》之后。①

蔡卫民等人的文章也指出了当时开展"旧村改造"的现实背景与必要性："广大农村中因违法建房以及空心村的出现，土地浪费现象日益严重"，"违法建筑和'空心村'问题已经成为全县经济社会发展中最突出、最复杂、最集中的矛盾和问题"，"旧村庄内环境污染严重，居民生活质量差，这在一定程度上影响了社会主义新农村建设，阻碍了城乡一体化的进程"。②

该文还提到，松阳县在旧村改造的行动中对古村落保护也并非没有关注。"松阳县规定，旧村改造要注重保护有历史文化价值的古村落和古民宅，保护和发展有地方和民族特色的文化传统。在制定旧村改造方案时，要征求有关部门意见，合理保护生态和历史文化遗产，努力实现改造与保护的双赢。"②在实际操作中，这条规定可能是由于缺乏具体的保护对象和明确的保护措施，而被轻视了。

2010年《松阳县旧村改造工作情况》中提到的"新增建设用地复垦指标有偿调剂政策"，源自浙江省于1999年颁布的一份文件——《浙江省人民政府办公厅关于加强易地垦造耕地管理工作的通知》（浙政办发〔1999〕132号）。该文件首次提出了允许土地整理折抵指标在全省范围内有偿调剂，这意味着省内欠发达地区可以选择把土地整理后获得的折抵指标出售，以获得预算外财政收入，而省内的发达地区则可以选择向欠发达地区购买折抵指标来满足建设用地需求。③这项政策随着地方发展水平的差距拉大，对发达地区和欠发达地区都有了更强的吸引力。

在村民自建房屋和旧村改造政策的共同推动下，到2011年底时松阳县内保存比较完整的平原村落只剩下山下阳、吴弄等寥寥几个。幸运的是，就在旧村改造

---

① 《关于加强历史文化村落保护利用的若干意见》里有"对被认定为历史文化村落保护对象的，不宜大规模整村推进农房改造建设"的基本原则，也有"加大资金投入"和"加强用地保障"方面的政策措施。
② 蔡卫民，郑功帅，李梅香.浙江省松阳县旧村改造"改"出新农村[J].城乡建设，2009（08）：52-54.
③ 施建刚，魏铭材.计划管理下的土地整理折抵指标有偿调剂研究：以浙江省为例[J].农村经济，2011（04）：40-43.

开始全面向山区村落推进之际，松阳县的干部和文化界人士意识到了它的问题。在反思和总结中，松阳县的古村落也迎来了命运的转机。

2. 自发探索

松阳县文化界对于本地古村落和古建筑价值的认识，早在旧村改造之前就已经在酝酿了。

比如松阳有一批摄影家，从 1990 年代开始就长期而持续地以这里的山区古村落作为创作主题，诞生了很多高质量的作品。又比如曾经是军旅作家的鲁晓敏，退伍之后在松阳县供电局工作，经常下乡，在观察和积累乡村写作素材的过程中发现了松阳的古村古建之美，并且从 2005 年开始系统地调研村落、宗祠、民居和廊桥等文化遗产。

再比如 2007 年调任松阳县博物馆馆长的王永球。王馆长上任时正逢第三次全国文物普查工作开展，她和同事一起对全县范围的文物建筑进行了全面的调查和登录。他们发现，松阳县仍保存着近三百个祠堂，这些祠堂的建造质量比较好，但是大多数已经处于年久失修，甚至濒临倒塌的状况。出于岗位职责和对文物工作的热爱，王馆长结合普查情况写了关于松阳宗祠保护现状的调研文章，建议县里设立文物保护专项资金。因为专项资金设立需要一个过程，而且祠堂修缮也离不开群众参与，所以她决定先尝试着从村民的角度寻求突破口。以前修祠堂都是宗族长老牵头，各家各户凑份子，就把事办成了，为什么现在这个传统就断了呢？她请教了一些老族长，得到的回答是近几年村民外出打工的比较多，大家都挣钱搞经济去了，关注文化少了，没人牵头组织，祠堂没人打理，如此过上几年就变得荒废和破败。王馆长觉得，民间修祠堂的内在动力还是存在的，只是需要有人牵头做发动和组织工作。她普查时每到一个村，就与村干部和宗族领头人聊天，动员他们牵头组织本村的祠堂修缮。让她印象深刻的是玉岩镇大岭脚村的叶氏宗祠，普查的时候杂草长得比人还高，建筑里面铺满了厚厚的蝙蝠粪便。叶姓在这个村人丁不旺，筹集资金有很大困难，但是经过王馆长对族长及其他成员的多次动员，终于筹集到一笔钱，用来做了最基本的排险加固，确保了建筑安全。随着动员工作的展开，松阳县自发组织修缮祠堂的村子越来越多，成了一时之风气。后来省文物局拨付了专门的宗祠修缮经费，县财政也设立了历史文化建筑修缮专项资金，让每处修缮的祠堂都获得了"资金上的一点小奖励"。这笔钱不多，但是对村民们而言却是莫大的肯定和鼓励。王永球馆长用调动村民内生动力的方法来修缮祠堂的举措，在当时的文物保护行业算得上一个小小的创新。它保持了村民的主体地位，政府扮演的是观念引导、技术指导和事后鼓励的角色。这一方法和经验，也融入了 2016 年中国文物基金会在松阳县开展的"拯救老屋行动"项目。大岭脚村的叶氏宗祠，也列入了拯救老屋行动项目，得到了更专业的保护修缮。

真正的转机出现在 2011 年底至 2012 年初。2011 年 11 月，王峻调任松阳县代县长。作为浙江宁波人，王峻从高度发达的城市来到传统文化保留比较完好的浙南山区，对于松阳古村落的价值他可能比很多本地人有着更为清晰的认识。松阳最迟于 2010 年的上半年，就提出了"千年古县、田园松阳"的文化定位。[①]2011 年 12 月，松阳县委围绕"田园松阳"召开了务虚会，并于次年将其上升为全县的发展战略。[②] 相较于浙江省的大部分县市，松阳的工业发展是滞后的，所以突出田园特色，一方面是顺应了它已有的绿茶产业，另一方面也是为了扬长避短——在工业发达的兄弟县市面前，松阳的"非工业化"或者说"生态化工业"反而成了一个优势（图 2）。

图 2　松阳的田园风光（摄影：蔡文欣）

① 占莉敏. 千年古县，田园松阳 [DB/OL].http://syxww.zjol.com.cn/syxww/system/2010/06/10/012237491.shtml，2010-06-28.
② 蔡丽. 打造"田园松阳"的路径选择 [J]. 浙江经济，2013（19）:54.

在"田园松阳"的战略背景下,政府官员和文化界人士对本地古村资源的价值也有了全新的认识。2013 年 4 月,在调查了上百处松阳古村落之后,鲁晓敏在《中国国家地理》上发表了一篇长文——《瓯江上游:最后的江南秘境》。[①] 这篇文章配上几十幅美轮美奂的摄影作品,让《中国国家地理》的读者们惊讶地发现,原来在浙南山区还集中地保留了数量如此之多、风貌如此完整、环境如此优美的古村落。凭借《中国国家地理》的影响力,松阳县的古村落有了初步的全国声誉。

松阳古村落的特点是整体风貌好而且数量多。如果单独拿出其中的任何一个来跟国内一流水平的古村落(比如安徽黄山的宏村、西递或者浙江兰溪的诸葛村)相比,那又是有着明显差距的。对这么一种类型的古村落,应该怎么保护,又如何发展旅游,在当时并无成熟先例可循。2013 年之前的松阳,也只是一个籍籍无名的山区小县,没有强力的智力外援和技术支撑。松阳的干部和群众,凭借有限的经验和满腔的热爱,开始自发地探索县域内成片古村的保护发展模式。2013 年底,经过叶鑫垚、叶云宽、潘旭辉、王永球等人的倡议和起草,松阳县委颁布了旨在推动全县开展保护古村落的《松委发〔2013〕39 号文件》(图 3)。该文件提出的一系列措施中,具有开创性的有以下几项:(1) 对有价值的传统建筑进行挂牌保护。经过全县摸底和调查,县政府为大约 1000 栋传统民居和祠堂进行了挂牌,名称是"历史文化建筑";(2) 设立奖惩制度。每年视保护情况给予奖励和处分。保留完好而且维护得当的挂牌建筑,每年每栋给予 500 元奖励;(3) 县级层面设立专家委员会和文化研究会,村里成立传统村落保护组织,形成常态化巡查机制;(4) 鼓励维修,并给予一定的财政补助。从县财政资金中每年整合出两千万元对挂牌的历史文化建筑和普通民居进行分档补助;(5) 三年评比一次古村卫士,对作出突出贡献的人进行表彰。

这份文件表明了松阳县委、县政府在保护古村落上的态度和决心,也真正落实了在"旧村改造"期间提出的关于古村落保护的规定。2013 年的松阳县,财政上是很不富裕的,但是在保护古村落这项事业上表现出了难得的担当。

---

[①] 鲁晓敏撰文,叶高兴等摄影,该文在杂志内的标题是《瓯江上游:一片残存的江南田园》。

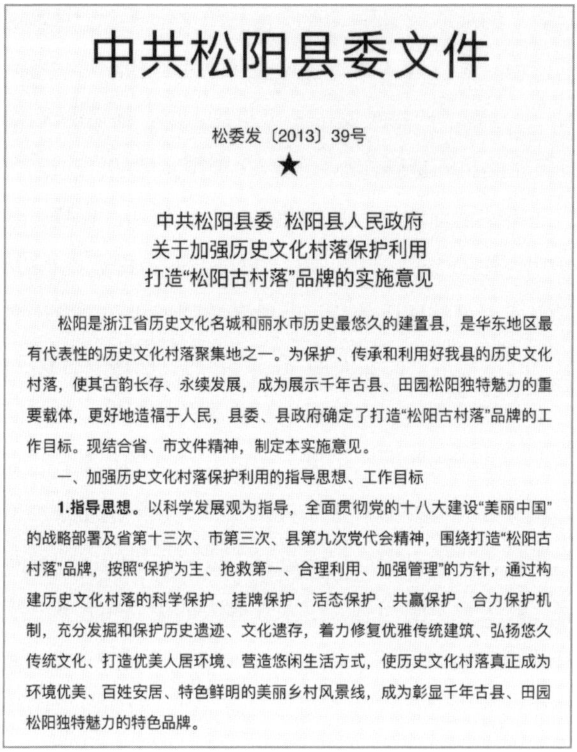

# 中共松阳县委文件

松委发〔2013〕39号

★

中共松阳县委 松阳县人民政府
关于加强历史文化村落保护利用
打造"松阳古村落"品牌的实施意见

松阳是浙江省历史文化名城和丽水市历史最悠久的建置县，是华东地区最有代表性的历史文化村落聚集地之一。为保护、传承和利用好我县的历史文化村落，使其古韵长存、永续发展，成为展示千年古县、田园松阳独特魅力的重要载体，更好地造福于人民，县委、县政府确定了打造"松阳古村落"品牌的工作目标。现结合省、市文件精神，制定本实施意见。

一、加强历史文化村落保护利用的指导思想、工作目标

**1.指导思想。**以科学发展观为指导，全面贯彻党的十八大建设"美丽中国"的战略部署及省第十三次、市第三次、县第九次党代会精神，围绕打造"松阳古村落"品牌，按照"保护为主、抢救第一、合理利用、加强管理"的方针，通过构建历史文化村落的科学保护、挂牌保护、活态保护、共赢保护、合力保护机制，充分发掘和保护历史遗迹、文化遗存，着力修复优雅传统建筑、弘扬悠久传统文化、打造优美人居环境、营造悠闲生活方式，使历史文化村落真正成为环境优美、百姓安居、特色鲜明的美丽乡村风景线，成为彰显千年古县、田园松阳独特魅力的特色品牌。

图3　松阳县委2013年39号文件（松阳县政府提供）

3. 国家部门与地方政府的互动

2012年，住房城乡建设部牵头启动了"中国传统村落名录"的申报工作，当年10月评出646个国家级传统村落。松阳县的传统村落申报工作开始于2013年，提交了9个村落的申报材料，其中8个入选。近九成的入选率大大鼓舞了松阳县政府的信心，也让干部们坚定了松阳古村落的价值认识。2014年4月，住房城乡建设部安排主管传统村落工作的代表对松阳县进行了实地考察，之后决定将其列为首批传统村落保护发展示范县。2014年第三批中国传统村落评审中，松阳申报了50个村落，42个入选。松阳的国家级传统村落数量增加到了50个，成为当时全国除西南地区之外的"冠军县"。这个成绩，让松阳县在全国的文化遗产行业内树立起了品牌和标杆。2018年第五批传统村落评审结束之后，松阳县共有75个国家级传统村落，保持在全国前列。

从 2014 年到 2016 年，中央财政按平均每村 300 万元的标准提供 114 亿元补助资金支持传统村落保护。中央财政的支持有上限，前三批入选的传统村落只要通过规划评审等程序，就可以得到资助，而后两批入选的传统村落就只能部分得到资助。①松阳县凭借前三批传统村落的入选数量和高质量规划材料，得到了比较大的资助力度。这是对松阳县自发开展保护传统村落工作的一份及时奖励。

松阳县的传统村落也得到国家文物局的关注。2015 年，松阳县被国家文物局列为唯一的传统村落保护利用试验区。2016 年 4 月，由中国文物保护基金会②发起的"拯救老屋行动"项目，在浙江省松阳县古市镇山下阳村正式启动。该项目旨在探索构建以基金会资助为推动，房屋产权所有人为主体、社会力量广泛参与的行动体系，同时形成为私人产权低级别不可移动文物的保护修缮和利用积累可复制可推广的经验。松阳作为全国第一个整县推进试点县，首期投入资金 4000 万元。松阳县为此专门成立了"拯救老屋行动"领导小组，前期对全县 18 个乡镇（街道）的 249 幢建筑进行了入户宣传和实地调查，并引导、动员符合条件的房屋产权人申报。③

根据中国文物保护基金会励小捷理事长的回忆，基金会之所以选择松阳作为唯一的整县推进试点县，既是因为这里的传统村落资源丰富，也是由于看到了当地政府的高度重视和当地群众的文化自觉。④如果没有前几年自发探索的方法和经验，松阳很可能不会成为该项目的唯一试点县。

松阳的"拯救老屋行动"于 2018 年 9 月验收，之后被正式写入了 2019 年浙江省政府工作报告。2018 年 9 月，中共中央、国务院印发了《乡村振兴战略规划（2018—2022 年）》，"拯救老屋行动"被写入其中乡村文化繁荣兴盛的八项重大工

---

① 补助资金支持的政策于 2014 年 10 月公布，114 亿元资金可资助 3800 个传统村落。此时第三批传统村落评审已经结束（公布是在 11 月），三批传统村落总数是 2555 个。

② 中国文物保护基金会（China Foundation For Cultural Heritage Conservation，缩写：CFCHC）创立于 1990 年，是经中华人民共和国民政部批准、由国家文物局主管的具有独立法人地位的全国公募性公益基金组织。

③ 李韵.拯救老屋，行动！[N].光明日，2016-04-15（09）.

④ 史春波."老屋拯救行动"为何首选松阳[DB/OL].http://yq.zjol.com.cn/yqjd/201803/t20180329_6908285.shtml，2018-03-29.

程。2019年4月，松阳的"拯救老屋行动"启动了二期项目，中国文物保护基金会注入2000万元用于传统老屋的修缮。

4. 小结

从以上三个阶段的发展可以看出，松阳的村落保护是逐步提升、渐次加强的。在"改造旧村"的过程中，已经出现了个体和局部的反思，其后在主政领导的引导下，保护古村落和古建筑的意识被更大范围地唤醒。紧接着，松阳县及时地抓住了国家部门关于传统村落保护政策颁布的时机，获得了力度较大的支持。到2015年成为住房城乡建设部公布的示范县和国家文物局公布的试验区之时，松阳县已经占住了传统村落领域排头兵之一的地位，形成了全国声誉，同时也强化了县内干部和群众的保护观念。在随后的两年时间里，松阳县又通过"拯救老屋行动"，为全国传统村落的保护与发展提供了先行的实践经验。地方政府和国家部门的互动，是2013年以来松阳县传统村落保护工作的特点。地方出实践经验和示范效应，中央给政策引导和资金支持，既上下互动，又各司其职。

不过，我们也应该看到，光是依靠国家部门的支持，还是无法实现把将近一百个传统村落都保护下来的。松阳县努力在其他方面开展探索，以获取更大范围、更强有力的支撑。这些探索，我们认为可以归结为两大战略：山地战略和文化高地战略。

## 二、山地战略

松阳是山区县，有"八山一水一分田"之称。山地资源是松阳的特点，也是它的优势。松阳县分别于2017年和2019年获评"国家级生态县"和"中国天然氧吧"的称号。松阳县也通过努力挖掘山地资源的景观优势和生态优势，来支持村落保护和乡村振兴的事业。

1. 摄影写生

摄影，可以说是松阳山地景观最初的对外呈现。松阳的山区地形本就富于变化，坐落在不同地形之中的山村，房屋大多用裸露的黄色夯土墙，色彩浓烈，周围又有树林、竹林、稻田和菜园等形成多种多样的景观画面，再配上变化莫测的云彩，简直就是摄影家的天堂。在2013—2018年住房城乡建设部组织的历次传统村落评审中，松阳山村的摄影作品都发挥了不小的作用。① 四都乡的西坑、陈家铺和三都乡的杨家堂、酉田、呈回、松庄，以及叶村乡的横坑等村，都是让摄影家们流连忘返的古村（图4）。

松阳本地摄影家毛进军，是这个领域里的代表。20世纪90年代初，毛进军退伍回到家乡松阳，开始业余从事摄影活动，家乡的风景和人物就是他主要的创作题材。毛进军以松阳为主体的摄影作品，先后获得国内外的一系列奖项，他也成为松阳县乃至丽水市摄影界的一个领军人物。2003年毛进军当选松阳县摄影协会主席，在他的领导下松阳本土摄影活动迅速兴起，摄影节、摄影比赛的举办形成了浓郁的摄影氛围，留下了大量优质的摄影作品。2007年毛进军在四都乡寨头岭修建了"四都寨头摄影休闲园"，这是一个集摄影、休闲、食宿为一体的"客栈"。② 松阳县的知名摄影家还有叶高兴、郑忠民、宋世和等人，他们已经形成一个稳定的摄影家群体。

跟摄影总是相伴随的艺术活动是美术写生。松阳写生界的代表人物是邱少敏。2009年，缙云人邱少敏第一次来到松阳，发现这里的山区古村落特别适合艺术院校的学生们来写生，于是决定在松阳开展这项业务。2011年，他将县城近郊松阴溪畔的一个废弃老粮仓改造成了名为"乡村798文化创意园"的专业写生基地，并且在其中配备了一个美术馆。此后几年，邱少敏的松阳写生事业逐渐发展壮大。几年下来，他和中国美院、中央美院、清华大学美术学院、浙江开明画院等近百所高校、画院建立了合作，平均每年接待写生师生十余万人次。邱少敏还把一部分师生的餐饮和住宿安排进村里，让村民也分享到收益（图5）。

邱少敏的写生基地，启发了另一位画家。2012年5月，浙江省丽水市技术学院美术系李跃亮老师挂职到松阳县枫坪乡，担任农村工作指导员兼枫坪乡党委副书记。一个偶然的机会，他来到了沿坑岭头村，发现这是一个保留相当完整的山

---

① 各地申报材料大都由基层住建系统的工作人员填写和配图。这些配图能做到如实反映已属不易，很难达到美观。而松阳县的申报材料，由于县政府重视，也有前期本地摄影家的多年积累，可以直接挑选和"征用"，所以在文本翔实的基础上，还经常能做到图片美观。

② 新松阳采编中心. 岁月留痕见证时代飞跃：松阳本土摄影家毛进军的光影生涯 [DB/OL].https://www.sohu.com/a/251948599_823255，2018-09-04.

区传统村落，环境优美，特别适合写生。美术系原本就有每年一个月左右的写生教学任务，光是接待这些师生们的食宿就是一笔可观的收入，足以在短期内覆盖村民们简单改造房屋的成本。李跃亮据此制定了一份工作计划，获得了县政府的支持，他在村里选几处合适的位置建了几座写生亭，然后邀请了丽水巴比松油画院的20多名画家来写生创作。随着这些画家的作品在网上流传，又吸引了更多艺术院校的师生来到沿坑岭头村。与此同时，在李跃亮的鼓励下，也有村民开始把自家房屋改造成宿舍，用来接待画家和学生。画家们除了完成写生和教学，还在村里举办画展。他们还帮着村民搞了一次网上卖柿子的活动，既产生了利润，也扩大了知名度。一个"画家村"，就这样诞生了。[①]2021年，李跃亮老师被中华全国总工会授予"全国五一劳动奖章"。

2. 高山度假

摄影和写生，是国内很多知名旅游目的地在旅游业开始之初的业态。他们之中有的在热闹一段之后就陷于沉寂，有的则实现"成功跃迁"，发展成为大众旅游观光地。2014年前后的松阳县，也面临这样的选择。在摄影和写生的基础上加大宣传，有可能吸引来游客量多得多的大众观光。但是这对古村落的保护很可能是不利的，当时国内已经有类似案例，大多难以避免过度商业化对古村落文化本底造成的负面影响。

有没有大众观光之外的道路呢？沿坑岭头的"画家村"，可以说是一次有启发的尝试，不过李跃亮和县镇干部们也很快就发现，这种简单的"宿舍化改造"并不利于展示传统民居的文化特征和美学意境。莫干山民宿业在2013年前后的兴起，让松阳县的干部们看到更大的可能性。民宿的单价高，注重设计（老建筑构件的展示经常是设计的重点），可以在游客量不大的前提下实现较高的收入，从而有利于保持古村落的文化氛围。在县政府的支持下，沿坑岭头村将一处传统民居改造成一家民宿，取名为"柿子红了"。它一出现，就成为松阳县乃至丽水地区广泛关注的一个改造案例。

松阳县领导还组团考察了莫干山，跟几家知名民宿品牌的创始人进行了交流，

---

[①] 詹洁，李君洁. 柿子为什么这样红：松阳县沿坑岭头村"柿子红了"民居改造记[DB/OL]. "传统村落"公众号，2015-08-14.

图 4 竹林环绕的呈回村（松阳县政府供图）

图 5 松阳 798 文化创意园，已经成为多个
艺术院系的写生基地（邱少敏供图）

鼓励他们落户松阳。这些创始人之中，就有被称为"莫干山民宿第一人"的夏雨清。夏雨清于2014年底在松阳县城的老街上开了一家具有文创性质的杂货铺，取名"山中杂记"，后来又在附近开了一家名为"茑舍"的民宿。他是最早进入松阳的民宿人之一。以当时松阳的交通位置和业内知名度来看，第一批进入松阳的民宿人是需要决心和"胆量"的。和市场已经稳定的莫干山相比，松阳的前景至少在短期之内还不明朗。

最先在松阳获得网红效应的一家民宿，并不是来自莫干山，而是由基本上没有民宿从业经验的三个苏州年轻人所创造的。这家民宿叫"过云山居"，位于四都乡的西坑村，于2015年开业。过云山居有8间客房，它开业之后创造了一项纪录——在长达一年的时间之内，几乎天天客满。为什么会有这么高的入住率？跟创始人的媒体专业背景有关，也跟管家的周到服务有关，但是最重要的还是它抓住了一个关键的山地景观元素——云。西坑村的海拔约700米，从村子的南侧向前眺望，可以看见美丽的山谷和山下的县城。更美妙的，还是从山谷下不时随风卷来的云朵。这些云朵飘移的速度之快，能让人产生强烈的视觉甚至是触觉体验。过云山居，就开在这个"云体验"最好的位置上，这也是它取名过云山居的原因。就连客房，它都是用壹朵、贰朵、叁朵等来命名的（图6、图7）。

过云山居在此后的几年一直保持了相当高的入住率。在它的带动之下，西坑村还建成了另一家规模更大的民宿——云端秘境。云端秘境延续了云的主题，是由几个在杭州工作的"80后"合作投资、设计和运营的。他们改造了一批老夯土民居，有15间客房和一个200多平方米的咖啡厅。云端秘境为了让客人（包括住店的和不住店的）更充分地观赏"流云"，还特意在门前制造了一个很大的出挑平台。

跟过云山居差不多同期开业的云上平田，也是依托了云的主题。云上平田，位于四都乡平田村，距离西坑村5.5公里，海拔稍低，大约600米。业主是本村的一个江姓年轻人。平田村的风貌保留比较完整，但是建筑质量一般；它四周有不错的山林和竹林，但也远没到让人惊艳的程度；这里也经常能看到云，但是却形不成西坑村那种快速飘移的云感受。虽然无法依靠某一个强烈的景观因素来制造吸引力，但平田村的民宿是一个综合体，除了普通的客房，还有四合院餐厅、青

图 6　四都乡的云景观（摄影：蔡文欣）

图 7　西坑村的云（摄影：毛进军）

年旅舍、咖啡馆、农耕展示馆等。它们都集中分布在村口附近，围绕着一块三角地，由不同的设计师负责改造设计。这些功能不同、规模不一、形态各异同时外观上又保持了传统风貌的建筑，组成了比较多样的业态，也造就了立体而丰富的村落内部景观。

陈家铺是位于西坑上方的一个山区村，海拔约800米，风貌很完整，十几年前就已经是摄影家们最喜爱的松阳古村落之一。在西坑和平田的民宿出现前后，陈家铺也是民宿投资者经常来考察选点的地方。这里的位置更高，观看山谷原本有着更为开阔的视觉效果，但由于种种原因，第一批投资者均未能落地。一直到2018年春，陈家铺的第一家民宿才落成开业。这家民宿叫"飞鸢集"，位于村子的最西头，设计师是孟凡浩（他广为人知的作品是浙江富阳东梓关村的"最美农民回迁房"）。同年6月，南京的先锋书店在陈家铺开了一家分店，取名为"平民书局"。平民书局的设计师是知名建筑师张雷，他同期也设计了陈家铺的另一家民宿——云夕摩加共享民宿。①

2019年4月，榔树村的原舍·揽树举行了开业仪式。这是由乡伴文旅投资4000万元并运营的一个民宿综合体，规划建设周期三年半，占地面积27.2亩，有客房33间。榔树村不是传统村落，它在2010年就因为海拔高和坡度大而启动了农民易地搬迁工程。到松阳县将古村保护作为全县战略时，榔树村的村民已经大部分迁居到山下的安置小区，村内的房屋也已拆除一多半。原舍·揽树是松阳县唯一一个由非本地机构投资运营的、规模较大的、在原村址上建设的民宿综合体。

四都乡的五个点位——寨头摄影基地、西坑村、平田村、陈家铺和榔树，目前已经形成了规模聚集效应。它们集中分布在一个面积不大的山地环境之中，以民宿（住宿）的功能为基础，充分利用了松阳的高山景观，又搭配上文化业态，从而满足了不同客户群的需求，也制造了丰富的文化和消费体验。可以说，这是一次很好的山地景观和民宿度假业的结合。

在2016—2017年期间，松阳民宿业表现出了蓬勃发展的势头。②但是，民宿

---

① 这家民宿于2020年初建成，截至本文写作时尚未开业（受新冠肺炎疫情影响）。
② 除了正文提到的民宿，松阳差不多同期开业的民宿还包括大木山茶园附近的小茶姑娘、西田村的西田花开、界首村的卓庐若家等。

业也有它自身的局限。这些局限概括起来大概有两条。第一是每个村子一般只有1~2家民宿①，而且体量都不大，这就意味着民宿的生意再好，也很难惠及大部分村民。第二是民宿的投资和运营人一般都是城市中产阶级，他们服务的对象也是城市中产阶级，这就会形成一个主要在城市中产阶级之间流动的经济和社会闭环；这个闭环虽然跟古村落存在着交集——比如雇佣村民当服务员和管家、购买村里的农产品等，却并不需要跟古村落发生更多、更实质性的关联，长远来看也就无法形成更有深度的互动。民宿业跟古村落之间这么一种"互不干扰即常态"的关系，在古村落保护的初期阶段让民宿作为"种子"因素播撒到村里，是能起到很好的窗口和桥梁作用的，但是要让它承担起保护发展古村落的主要责任，在多数情况下就属于勉为其难了。

2018年5月，松阳县成立了旨在发展壮大村集体经济的田园强村农业发展有限责任公司（以下简称"强村公司"），同时在三都乡上田村的半岭自然村启动了"半岭民宿综合体"项目。2018年之前的半岭村，户籍人口83人，常住的只有20名老人，是个典型的"空心村"。在村委会的组织和动员下，半岭村实现了"全村整体租赁"。半岭民宿综合体的投资运营主体是上田乡村振兴发展有限公司，该公司有六大股东，包括县、乡两级的强村公司和村里的四个合作社——花田泥农业专业合作社、柒宝农业专业合作社、乡村旅游合作社、上田股份经济合作社。村集体和村民以山林、田地、房屋等资源作价入股，与政府资金、社会资本共同组建成混合所有制企业，其中村集体和村民合计占股超60%。2019年11月，半岭民宿综合体完成一期工程并进入试营业。②为该项目承担建筑设计任务的，是在松阳已经有多个知名作品的徐甜甜。

半岭民宿综合体吸引了一批年轻人返乡从事运营工作（图8）。年纪大的村民，有的继续从事农业，有的当上服务员。管理层以村干部为主，同时也受县、乡层

---

① 松阳县的民宿比较分散，可能跟县政府有意引导到不同村落有关。松阳需要保护的古村落很多，而一个村子只要进驻一家民宿，就会在一定程度上带来发展的希望，从而有利于减缓村子空心化、荒废化的趋势。

② 俟名.松阳"半岭模式"探索乡村振兴新路：整屋租赁，"空心村"迎来新机遇[DB/OL].浙江农业信息网，http://www.moa.gov.cn/xw/qg/201911/t20191122_6332285.htm.

面的引导和约束。这个在县乡两级支持下的"村集体版民宿",相比于个体投资的民宿无疑是有优势的。它把村内的各家各户和村外的各路资源整合进了一个大整体。大家各司其职,又互相合作,可以在最大程度上避免因为利益和信息不对等而带来的冲突。当然,运营这样一个大整体所需要的能力也是大大高于一般民宿的,对管理层而言是个不小的挑战,需要他们有更广阔的视野、更综合的思维和更强大的市场开拓能力。半岭民宿综合体的市场效果或许还需要一段时间观察才能得出结论,但是它以村集体为主体的机制设计,无疑是符合中央所一直倡导和强调的农村发展方向的。

图 8 上田村半岭民宿综合体(DnA 供图,摄影:王子凌)

3. 浅山茶园

松阳的山地景观战略不只体现在四都乡的高山区,在浅山区也有很好的项目,比如大木山茶园。

茶是松阳的主打产业,全县茶园的总面积达到 12 万亩左右。这些茶园的大部分,分布在松荫溪两岸的松古平原。松阳县的平地面积本来占比就小[①],而松古平原的田地大多已经改种茶叶,所以这些茶园看上去就是连绵成片的,面积大约有 8 万亩。大木山茶园,就是其中位于县城西北方的一片面积 2300 余亩的茶园。之

---

① 松阳县的平地主要分布在松古平原。松古平原面积 175.46 平方公里,占全县土地总面积的 12.5%。

所以把这一片茶园单独开辟成一个景区，除了这里的茶田比较密集，更能形成规模化的视觉效果之外，还因为它位于山区和平原的过渡地带，有缓坡起伏的地形，可以让茶园呈现出既丰富立体又绵延开阔的景观。

缓坡起伏的地形还特别适合骑行，所以大木山茶园里规划建设了 8.3 千米长的骑行环线，还为游客提供山地自行车租赁和电瓶观光车游览等服务。从 2014 年开始，大木山茶园每年都举办环浙自行车公开赛松阳站的比赛，2018 年还成为该赛事总决赛的举办地。骑行，成为大木山茶园深度绑定的体育活动。在对外宣传上，大木山茶园也以"中国最大的骑行茶园"作为其形象定位。

大木山茶园拥有成规模的、视觉上也让人感到纯粹的茶园景观，但是这种景观总体上还是属于单调的，缺少一些点缀性的、起画龙点睛作用的景观元素。主管部门在茶园里建了几个仿古的休息亭和长廊，但很快就发现效果并不好——"点睛"的这一下，在视觉上的要求非常高，放个平庸之作还不如留白。后来是徐甜甜的设计，解决了这个问题。

2015 年 1 月，徐甜甜设计的大木山竹亭建成。四个完全用松阳当地竹子作为建筑材料的亭子，矗立在茶园之中。竹亭的造型源自传统建筑的四坡顶，但是进行了抽象化的几何处理，变成了简洁明了的直线和斜线。三种坡度的组合，体现了"漂浮的村落"的设计立意，也跟远山产生了呼应。"竹梁"和"竹柱"的线条感，以及"竹椽子"所形成的半透明感，跟茶园里一排排浑圆的茶树形成了鲜明对比。有这样一个将传统性、现代性和地方性融合为一体的设计，才真正实现了"点睛"的作用。①

2015 年 8 月，徐甜甜设计的大木山茶室建成。一大两小，一共三个素混凝土体块，沿着茶园内的一个水库岸边，一字排开。深灰色素混凝土体块的极端厚实感，跟浑圆的茶树、线性的竹亭，又形成了明显的反差。水面的倒影也为茶室增加了层次。茶室与水库之间五棵高大的梧桐树，则与水平展开的茶室形成了纵横对比。更精彩的还是室内，不但有丰富多变的空间流线，还通过混凝土的敦实厚重和玻璃墙面的开放透明，制造出了沉着安静的、与四周茶园相融的品茶

---

① 徐甜甜，张龙潇，黎林欣，等. 茶园竹亭 [J]. 城市环境设计，2015（04）:153-159.

氛围。

茶园景观、骑行活动加上竹亭和茶室，大木山茶园就此成为集茶园观光、茶文化体验和运动休闲为一体的旅游景区，也成为松阳县对外输出品牌形象的一张名片。

山区古村的摄影写生、高山村落的度假民宿和浅山茶园的骑行品茶，在不同层面提升了松阳的文化形象，也在相当程度上推动了松阳的旅游业。这些行为和业态也对松阳古村落的保护起到了重要作用，但是它们依然不能解决所有问题。摄影写生只是小众群体的行为，单价和人数都不高，所产生的经济效益有限。大木山骑行茶园，更多的是起到文化形象输出的作用。相对而言，度假民宿的收益可能是比较好的，但是像"半岭民宿综合体"这样能把收益大头给到村民的民宿模式，直到近期才出现而且还处于尝试探索阶段。还有什么产业，可以为古村落保护起到支撑作用呢？松阳县政府想到了农业。

### 4. 山地农业

茶是松阳县最重要的农业。松阳茶叶全产业链在 2017 年就已经突破了 100 亿元大关，成为浙江省示范性全产业链。松阳也就此跻身全国茶产业十强县、全国重点产茶县。全县 40% 的人口从事茶产业，全县 50% 的农民收入、60% 的农业产值均来自茶产业。[1] 但是，茶产业并不能直接为古村落保护起作用。其中原因，一个是茶产业和古村落的分布存在错位，前者主要分布在平原地区，后者主要分布在山区，平原地区的茶农不会把资金用在山区古村落的保护上。作为初级农产品的茶叶，按照国家规定也不用交税，所以松阳县政府也不能通过税收来进行资金转移。另一个原因是农民的古村落保护意识还不强。在刚摆脱贫困的阶段，指望由户主本人来承担保护成本也是不现实的。

茶产业不能为山区古村落保护直接做贡献，其他附加值更低的常规农产品就更难起作用了。能不能在山区实现附加值比较高的农业呢？从理论上说，古村落的所有者是村民，而村民最擅长的工作就是种地，所以只要种地能带来足够多的收入，而村民又接受了古村落保护的观念，那么保护的责权就实现了对等和匹配，

---

[1] 阮春生，孙丽雅. 松阳茶叶全产业链产值突破百亿 [OL]. http://www.moa.gov.cn/xw/qg/201805/t20180529_6147624.htm.

保护的目标也就容易实现了。

第一个案例出现在岱头村。岱头村是松阳最偏远的山村之一，海拔860米，地处东坞水库饮用水源发源地。岱头村的村民一多半已经外出打工，留下的村民长期以吊瓜种植为主业。吊瓜的收入高，但是剥壳和漂洗会造成水体污染。2014年初，"五水共治"在松阳全面进行，岱头村因为处在水源地上游，吊瓜业必须转产。松阳县政策研究室主任叶鑫垚的家乡就是岱头村，他发动村民们改种高山生态水稻。县科技局请来了浙江省农业科学院的水稻育种团队。经过调研，育种团队认为岱头村的水源充沛、土地肥沃，水稻生长依靠前期的绿肥和少量有机肥就已足够，同时因为海拔高，水稻收割期相对其他地要晚一个月，有更长的孕育期，米质也会更好。①

2015年，岱头村的150亩梯田种上了水稻（图9），全面替代了吊瓜。梯田水稻亩产不高（400公斤），但是售价比常规的稻子高，总计下来并不比吊瓜差，所以这算是一次成功的产业转型。岱头村还趁着水稻种植的回归，恢复了中断多年的传统祭祀活动——祭祀明新社的平水大王（即大禹）和毛洞主殿的毛洞主娘娘。村民们把神像抬出来到村间和地头巡游，还请戏班唱几天戏。在当地政府的倡议下，祭神活动跟水稻种植结合成了"插秧节"，从2015年开始每年举办。2016年和2017年的岱头村插秧节，都受到了媒体和网友们的高度关注，村民们趁此开起了农家乐，在销售稻米之外也多了一份收入。

2016年10月，松阳县开始引入何以兴农的全息自然农法。何以兴农，本名何兴，于1999年在湖北当阳尝试全息自然农法的实践。在一个椪柑农场获得成功后，他开始输出种植技术和管理经验，应用于全国不同地方的农场，并于2014年出版了《全息自然农法实践》。所谓全息自然农法，简单说来就是一种充分利用自然功效并尽可能减少人为干预的农耕种植技术，"不使用化肥、不施用农药、不

---

① 源自本文作者对叶鑫垚的采访，另见：祝梅.高山水稻：一个村的"两美"实践[N].浙江日报，2015-12-04.

图 9 岱头村的高山水稻（何以兴农供图）

使用转基因种子、不除草，从持续涵养水土的根源开始，种植绿能、收集阳光、限制获取"，通过"亮兜"等方式，降低田间劳动成本的同时不降低产量。①

从 2017 年开始，采用全息自然农法的种植基地出现在松阳的岱头、上庄、大岭脚、蔡宅、沿坑岭头、水竹、石塘、叶家等村。这些村子的产品也各有侧重，岱头村和沿坑岭头以水稻为主，上庄村以蔬菜为主，蔡宅主打黄豆，水竹主打香榧，石塘和叶家主打茶叶，大岭脚村的土根朴食②走的是水稻和土豆、玉米、蔬菜交叉种植的路线。另外还有四都乡叶有法发起成立的老寨农专业合作社，其种植基地分布在多个村子，产品也比较多样。③

上述种植基地，基本上都位于山区。平原区之所以很少，首先是因为平原区普遍种茶，而茶叶产值已经比较高，茶农们缺乏转型的积极性，更担心转型之后有风险。其次是因为山区的生态本底比较好，有利于开展全息自然农法。山区生

---

① 亮兜：把作物根盘附近影响作物光合作用的杂草扫倒、压倒，达到合理分配光能并充分利用间歇性的散射光的效果，从而获得单位土地面积上的干物质最大化产出。见：何以兴农. 全息自然农法实践 [M]. 北京：中国农业科学技术出版社，2014.

② 村民叶岳云带头成立了松阳县绿兴农产品专业合作社，土根朴食是该合作社注册的商标。

③ 何以兴农. 全息自然农法在松阳 [M]. 北京：中国农业科学技术出版社，2019.

态本底好的原因，大致上又有两个。一个是山地原本就有更好的生物多样性，这符合全息自然农法要充分利用自然功效的基本原则。另一个原因是山区村落大多存在比较严重的空心化，人口减少导致部分耕地抛荒，而抛荒则意味着已经有一段时间没撒农药和化肥，也就意味着较少前期的土地污染，这有利于降低采用全息自然农法的门槛。

经过几年实践，全息自然农法在松阳的成效是明显的。前面提到的种植基地，都已经形成了具有知名度的农业品牌，其售价大多远高于普通农产品，也不乏市场需求。不过，全息自然农法要想在松阳进一步扩大，还需要克服不少障碍。这些障碍之中，主要的可能是三个。首先是全息自然农法跟目前常见的种植方法很不一样，农民们接受起来需要一个过程。其次是种植基地的农民们，自己要抵抗得住不良市场的诱惑。全息自然农法目前在松阳的种植基地，规模有限，在初期品牌打响之后，市场需求会在短期之内突涨。这个时候如果在销售中添加普通的农产品，获利非常可观，但这么做的后果也将会是严重甚至是致命的。第三个障碍是对渠道商的管控。农民们可以靠自觉守住产品源头，对于渠道商的掺假是很难管控的。渠道商的业务线比较多，哪条线有暴利就抓紧挣，等出了问题就关掉这条业务线，其他业务还可以照常进行。

要克服上述几大障碍，除了加强普及教育、增强品牌意识、减少中间渠道等措施之外，不少村子和种植基地还增加了在地化的产业延伸。比如岱头村的插秧节和农家乐，就是很好的尝试。平田村"大荒田"里种植的四都萝卜，也成为游客们喜欢带回家的特色农产品和伴手礼。半岭村的花田泥农业专业合作社，也是采用了全息自然农法，这里的村集体投资经营模式也让农产品和民宿业有了更紧密结合的可能。

5. 小结

松阳的山地战略，从最初自发出现的摄影和写生，到出台政策引入的高山民宿，再到政府主动推行和大力发展的骑行茶园、生态农业和村集体式民宿综合体，表现出越来越有前瞻性的眼光和越来越有组织性的布局。和很多地方热衷于招商引资不同，松阳县对招商引资的态度大概可以用"谨慎选择"来形容。政府不能大包大揽，"市场的归市场、市长的归市长"，这个道理没错。但是对于村落保护和乡村振兴这样正在探索中的文化事业和社会事业,完全丢给市场又是有极大风险的,也是不合适的。它需要政府和参与各方共同努力,在小步试错中不断地调整方向和策略,最终才能找到合适路径。

### 三、文化高地战略

早在 2014 年,松阳县政府就提出"探索文化引领的乡村复兴之路"。之所以提出这样的主张,在当时或许有出于防止出现过度市场化的朴素考虑,但它在后来确实发挥了极为重要的作用。松阳县的国家级传统村落在 2104 年达到了 50 个,这么一笔丰厚的文化资源,同时也是良好的旅游资源。近十几年来,乡村旅游和古村古镇旅游发展成为新兴的热门行业,旅游业也确实为村镇保护提供了明显可见的经济支撑,但是旅游业尤其是过度商业化的旅游业对于古村古镇的影响乃至伤害,也是愈发明显的。"文化引领"就是要用文化的理念和策略来平衡旅游业产生的冲击,引导旅游业的走向。有"文化引领"这把量尺摆在各级干部心头,对每个项目的选择、推进和后期评估也就有了统一的共识,不急于挣快钱,也不会因为市场风向的经常变动而打乱阵脚。

1. 文化品牌

如前所述,松阳最晚于 2010 年上半年就提出了"千年古县、田园松阳"的文化定位,并于 2012 年上升为全县的发展战略。"田园松阳"作为一张文化品牌,突出了松阳自身的特点和优点而回避了经济实力上的短板。

鲁晓敏于 2013 年发表在《中国国家地理》上的《瓯江上游:最后的江南秘境》,让"江南秘境"成为了松阳的第二张文化品牌。这篇文章的研究对象是松阳古村落,但是它写在杂志封面上的题目,既没提松阳,也没说古村落。这个看似学术上不够精确的,同时具有明显文学意味的题目,或许恰恰体现了作者的用心。瓯江和江南(尤其是江南),在当时都是比松阳更大、也更有辨识度的地理符号。瓯江是浙江的第二大河流,江南是中国自中唐以来的经济中心和文化中心。对当时的读者,松阳还属于一个很陌生的名字,所以让读者迅速认识和记住松阳的最佳途径,就是让它跟已经广为人知的瓯江和江南建立起联系。

江南的地理范围,有狭义和广义两种说法。狭义的江南指的是上海、苏南、浙北、皖南和赣东的长江以南地区，广义的江南则包括了上海、江苏、浙江、安徽、江西、湖北、湖南六省一市的长江以南地区。从"文化中心"和"经济中心"的经典定义来看，广义的江南显然范围太大，狭义的江南才符合"中心"的标准。松阳所在的浙南，无论是经济上还是文化上，较之浙北都是有差距的，可能用"核心江南地区的外缘地带"来形容才更为准确。但是，这只是我们作为学者的"学究式思维"，未必符合大众的一般性认识。笼统而言，浙南浙北没差多远，浙南在文化上和经济上又都受到浙北的深度影响，所以说浙南是江南的一部分也问题不大。另外，浙北地区由于经济发达，工业化程度高，保留下来的古村落已经不多了，而这一条又恰恰是浙南尤其是松阳的优势。古人也说"礼失求诸野"，更何况是距离这么近的浙南和浙北。在普通人心中，是"乐于接受"浙南作为江南的组成部分的。

由于江南地区在历史上的文化中心和经济中心地位，它在我们中国人眼中就有着特殊的文化意义。在相当程度上，江南就代表了中国传统文化曾经到达的高度。所以，让松阳跟江南建立起紧密联系，让松阳也成为江南的一部分，就是一个聪明的文化发展策略。

松阳县的第三张文化品牌，是"古典中国的县域标本"。这张文化品牌，源自2014年松阳县委托我们做的一个课题——《松阳历史文化村落保护总体规划》。在调研了松阳县几十个传统村落之后，我们开始有了一些新的认识。松阳的传统村落从大类上分有山区、平地和客家三类：山区的村子规模比较小，但是呈现出立体丰富的景观面貌；平地的村子靠近松荫溪，交通便利，经商者多，所以高质量的地主大宅和祠堂寺庙也多；而客家村落则延续了客家人聚族而居的传统，多大型组合式院落。相比于数量，类型多才是松阳传统村落更重要的特点，代表了文化的丰富性。

松阳的县城，也就是西屏镇（图10、图11），也保留了面积相当大的历史街区和数量很多的历史建筑，其中包括文庙、武庙、城隍庙等古代县城的"标配性"公共建筑，还有一座宋代的古塔。这是一个历史信息很丰富的古镇，在2014年就已经被住房城乡建设部和国家文物局公布为"中国历史文化名镇"。松阳还有一个从东汉建县至唐贞元年间作为县城的古市镇，这也是一个历史街区保留比较完整

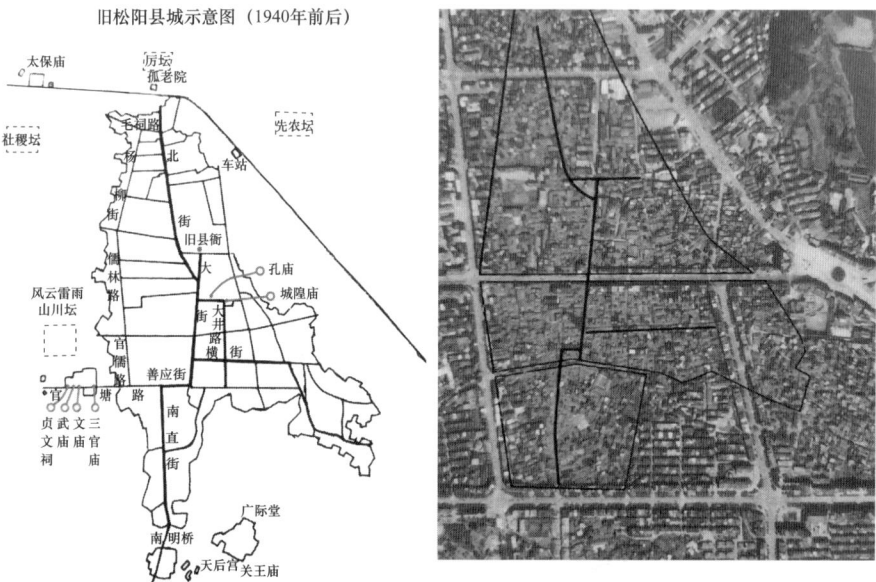

图10 松阳县城西屏镇1940年主要街巷示意图与现状航拍图
（引自《松阳传家：松阳乡土文化考察》，327～328）

图11 松阳县城西屏镇老街上充满生活气息的老店铺（作者自摄）

的古镇,为省级历史文化名镇。

如果把松阳县内众多的传统村落和新老两个县城组合起来,再加上丰富的民俗和非物质文化遗产,是不是会成为一种具有独特价值的文化遗产呢?我们认为,这么一种全县域的文化遗产组合,不但其内部有着紧密的关联性和互动性,还在相当程度上反映了由秦始皇创立并延续至今的郡县制。郡县制作为一种政治体制,可以说是让中国成为大型统一国家的最重要因素,而体现它的最小空间单元就是县。我们从这个角度出发,把松阳县跟全国其他的一些县进行了比较。[1] 得出的结论是,这些县在县城或村落又或非遗的单个指标上,可以胜过松阳,但是在三者兼顾的总体价值上,还是松阳最好。我们将这个县域文化遗产空间,命名为"古典中国的县域标本"。[2]

在 2017 年接受汉声[3]采访的时候,我们又进一步阐释了这个文化定位。从中国的文化格局来看,大致上是以儒家思想为根基的正统文化从中原往其他地方辐射,同时与地方的乡野文化形成互动关系。浙南是中原世家大族南迁的一个集散地,因此成为正统文化和乡野文化重叠度最高的地区之一。在正统文化强而乡野文化弱的地方,更多地体现了中国文化匀质性的一面,多样性就会相对减弱。而在乡野文化强而正统文化弱的地方,有利于体现中国文化的多样性,但是典型的意义又可能显得不足。松阳既有非常正统的文化,也有特别乡野的文化,两者几乎是旗鼓相当,因此也最能体现"古典中国"的文化底色。[4]

从松阳这几年的发展路径上看,这三张名片应该说都是发挥了作用的[5]。它们各有侧重,各有相对适用的范围。田园松阳最能体现松阳跟浙江省其他县市的差别,适合用来对接省农办和旅游局等部门。江南秘境,对追求文化体验的城市中产阶级很有吸引力。而古典中国的县域标本,在对接国家部门和开展国际交流中

---

[1] 比较对象包括安徽黟县、河北蔚县、云南建水县、贵州黎平县和山西平遥县。
[2] 罗德胤. 在松阳感悟"古典中国"[J]. 瞭望, 2015(43):57-59.
[3] 即汉声杂志,1971 年创办于台湾,致力于抢救、保护和发扬中国民间传统文化。
[4] 松阳县人民政府,汉声编辑室. 松阳传家:松阳乡土文化考察[M]. 桂林:广西师范大学出版社,2019.
[5] 本文写作于 2020 年 4—6 月,李汉勤书记于 2020 年底提出松阳要建设"国家传统村落公园",为第四张文化品牌。

就显得更有着力点，因为它赋予了松阳一个足以代表中国的文化高位。

2. 设计策略

松阳县在提出"探索文化引领的乡村复兴之路"的同时，就确立了引入高水平设计师的策略。对此我们或许也可以换个表述：在 2014—2015 年松阳古村保护事业起步阶段的两年时间里，挑选和引入高水平设计师就是"文化引领"这一主张在具体方法上的主要体现。

2014 年春，我们接受了松阳县和平田村业主委托的平田村规划设计项目。这是一个要落地实施的任务，为了获得良好的实际效果，同时也兼顾宣传效应，我们除了自己完成村庄规划和景观设计的任务之外，还组织了一次小型的建筑师集群设计，邀请到清华大学建筑学院的许懋彦、香港大学建筑系的王维仁、中央美院建筑学院的何崴和 DnA 事务所的徐甜甜，分别承担了木香草堂民宿、四合院餐厅、爷爷家青年旅社和平田农耕馆这四个项目的建筑设计。在项目进行的过程中，又加入了清华大学建筑学院张昕、深圳室内设计师李海虹和杭州建筑师郑建刚。

以上团队在设计领域都有多年经验，但是在乡村做落地实施的设计，也大多是头一回。在功能定位、平面布局、结构加固、部件保留、隔音采光、门窗拆改等大大小小的问题上，设计师和业主方、政府管理方、施工单位都进行了反复的讨论。在各团队艰苦努力和紧密合作之下，集群设计基本上实现了事前的预期。它成为此后一段时间松阳县设计项目的参考坐标，而参与各方也都从中积累了难得的实践经验。业主方后来成长为比较成熟的民宿运营人。政府管理方成长为对古村落保护有深刻理解和独到经验的管理部门。设计师们则有一部分成长为全国知名的"乡建设计师"。平田村也成为比较知名的乡村实践案例，它于 2017 年被评为浙江省首批慢生活休闲旅游示范村，于 2019 年被发改委列为全国乡村旅游发展典型案例。

平田农耕馆于 2015 年入选住房城乡建设部田园建筑一等优秀实例。负责该项目设计的徐甜甜，也从 2014 年开始，连续多年在松阳县完成了多个高质量的作品，包括大木山茶室、横坑村竹林剧场、兴村红糖工坊、石门村廊桥、王村王景纪念堂、石仓契约博物馆、黄圩驿站、独山驿站、蔡宅村豆腐工坊、水文公园等。

兴村的红糖工坊（图 12），是一个服务于传统制糖作坊的现代建筑。兴村是个平原村，传统建筑已经很少了，但是保留有传统的红糖制作工艺。2015年兴村打算建一座文化礼堂，在松阳县领导的建议下这座文化礼堂和红糖作坊进行了结合，并且命名为红糖工坊。① 徐甜甜设计的红糖工坊，是一个轻钢结构的建筑，柱网和天窗是根据六个土灶的位置而确定的。规整的对称形式和几何序列，形成了具有强烈仪式感的室内空间。当蔗汁在土灶里加热和搅拌时，升腾的雾气让工人们的身影若隐若现，仿佛正在表演舞蹈的演员。建筑空间的仪式感和劳作场景的戏剧性，使得红糖工坊的图片被专业和大众媒体竞相转发。而兴村的熬糖工人们，也自发地加强了组织性和纪律性。他们成立了合作社，制定了操作规范来保证产品质量。在品牌效应的作用下，兴村红糖的价格已经由原先的8元一斤涨到了2018年的25元一斤。②

兴村红糖工坊给我们的一个启发是，它作为一个纯现代的建筑，却由于找准了源自传统的基点——土灶的分布和劳作的场景，实现了传统和现代的连接，甚至让传统的乡土工艺在某种程度上得到了升华。类似的作用，也体现于徐甜甜设计的另一个作品——蔡宅村豆腐工坊。

蔡宅村是第四批中国传统村落，位于大东坝镇的石仓片区。石仓片区是松阳县、同时也是浙江省最大的客家人聚居地，保留有比较浓厚的客家文化传统，其中就包括制作油豆腐的工艺。2016年，村民李晓英返回蔡宅，继承了家传的油豆腐制作工艺，并将其发展成为深受当地市场欢迎的一种副食品。2017年在何以兴农的指导下，李晓英成立合作社并带动村民用全息自然农法种植黄豆。此举为油豆腐提供了高品质的生态原料，也进一步巩固了蔡宅村作为"豆腐村"的声望。③

2018年，松阳县政府决定在蔡宅村兴建一座豆腐工坊（图13）。豆腐工坊选址于溪旁的坡地上。因为是坡地，也因为在传统村落，这里不适合建造红糖工坊那样比较高大的"剧场空间"。豆腐工坊是由一系列呈阶梯分布的、采用木结构体

---

① 农村文化礼堂是浙江在全省范围内推行的一项工程，有配套资金。文化礼堂的使用天数有限，熬制红糖也是季节性的，工人们在露天作坊里工作很辛苦，两者结合，正好提高使用效率，又改善工作环境。

② 徐甜甜. 松阳樟溪红糖工坊 [J]. 建筑学报，2017（04）：49-51.
　支文军，何润. 乡村变迁：徐甜甜的松阳实践 [J]. 时代建筑，2018（04）：156-163.

③ 何以兴农. 全息自然农法在松阳 [M]. 北京：中国农业科学技术出版社，2019.

图 12　兴村红糖工坊
（DnA 供图，摄影：王子凌）

图 13　蔡宅村豆腐工坊（作者自摄）

系的中小型空间模块组成的，相邻模块之间主要以木柱和玻璃墙作为分隔，同时在东侧用一条走廊作为串联。这种空间布局跟豆腐制作的多道程序相匹配，同时也契合了现代建筑所追求的空间流动性。它的屋顶呈锯齿状——就好像一个传统的坡屋顶被"切"成了很多条，之后按同样斜度整齐地排放在一个平面之上。① 锯齿之间的斜缝，就成为引入光线的天窗。除了地面的水泥和屋顶的瓦片之外，豆腐工坊的建筑材料基本上只有木材和玻璃，而木材又以木柱、木梁为主外加少量木板壁，这就让它的内部空间显得纯粹、通透而有层次。再配上从天窗上倾泻而下的一条条光带，建筑的"诗意"油然而生。浙江大学建筑系贺勇教授评价该建筑："让人想起了彼得·卒姆托，从日常生活中的点滴观察和感受下手，然后用强有力的建筑语言表达出来。"②

篇幅所限，我们只能就红糖工坊和豆腐工坊这两个有代表性的案例做简单分析。总体说来，徐甜甜的松阳系列作品大多做到了有针对性地挖掘场地特征和地方传统，并且进行了有创造性的建筑表达。这些作品组合起来，既构成了共同的"松阳属性"，又充满了差异性和丰富性。这种以建筑介入乡村空间并带动社会发展的方式，很快就受到了国际同行的关注。2018 年 3 月，以"乡村变迁-松阳故事"为主题的乡村建筑展在德国柏林 Aedes 建筑论坛期间开幕，展出了徐甜甜为松阳设计的一系列景观建筑的图片和模型。③ 当年 11 月，松阳县与 Aedes 建筑论坛合作，以"文化与建筑——乡村发展的驱动力"为主题，共同举办了一次乡村振兴国际论坛，邀请到 17 个国家的专家来松阳交流经验。

在上述展览和论坛之后，松阳的乡村设计实践又得到了联合国人居署的关注。在 2019 年 5 月肯尼亚首都内罗毕举行的首届联合国人居大会上，"乡村变迁-松阳故事"再次展出，松阳县委书记王峻也受邀发表演讲，向全世界分享了松阳经验。同年 11 月，由联合国人居署、浙江省住建厅、丽水市政府主办，松阳县人民

---

① 这个"切"的动作，也形象地传达出了"切豆腐"的场景。
② 贺勇. 源于土地与日常生活的诗意建造：蔡宅豆腐工坊与横樟油茶工坊 [J]. 时代建筑，2019（01）：60-69.
③ 田颖，朱晟. 中国乡村振兴故事亮相德国建筑论坛 [DB/OL].https://baijiahao.baidu.com/s?id=1595170548504625468&wfr=spider&for=pc.

政府承办的第一届城乡联系国际论坛在松阳举办（图14），17个国家和18个国际组织的官员、专家、学者等200余人参会。①

除了徐甜甜和平田村集群设计的参与者之外，目前在松阳留下作品的知名建筑师还包括张雷、刘家琨、孟凡浩、宋微建等。因为篇幅所限，就不一一列举。几年下来，松阳积累了一批高品质的建筑设计作品，以至于可以在古村落之外再单独开出一条专业的"建筑设计旅游路线"。这些高水平的作品，基本上都是基于它们所在之地的历史传统和场地特征而产生的，从各自的角度诠释或呼应了"田园松阳""江南秘境""古典中国的县域标本"这三张文化品牌。它们起到了连接传统和现代的作用，有的甚至是增强了传统的生命力。在某种程度上我们可以这么说，松阳县通过建筑设计重新塑造了自己的文化形象，使得松阳不只是一个古村落众多、传统文化厚重的家园，还是一个对未来具有想象力的先锋阵地。

3. 艺术策略

摄影、写生、建筑设计都属于艺术范畴，所以松阳的艺术活动其实早在1990年代就已经开始了，2014年以来的建筑设计更是发挥了大作用。我们这里说的艺术策略，主要是指松阳县政府主动推行的，以吸引人才、文化品牌进驻或事件策划为目的的各项艺术领域举措。

2017年9月，松阳乡村798创意园的创始人邱少敏以总策划的身份，在松阳举办了一次当代国际艺术展。36个国家和地区的50余位艺术家来到松阳，开展为期一周的艺术创作。举办这样一个规格比较高的国际艺术活动是不容易的，筹集经费是困难的一方面，更难的是艺术圈的人脉和足以吸引艺术家们来待上一周搞创作的环境。松阳的山地古村特别适合摄影写生，所以创作环境是优良的。人脉，在很大程度上是靠邱少敏长年做艺术写生业务给攒下的。从2011年创立乡村798创意园开始，他就跟带队写生的很多老师们建立了良好的私人关系。2014年，邱少敏作为东道主举办了第一届艺术高校院长论坛。此后每年一届，头三届没做宣传，到了第四届也就是2017年7月，随着国家部门和地方政府对松阳古村保护事业的重视程度提高，以及松阳古村在全国范围之内知名度的建立，这个论坛也受

---

① 刘方，孙潇娜. 联合国在浙江松阳举办首届城乡联系国际论坛[DB/OL].https://zj.zjol.com.cn/news.html?id=1326504，2019-11-12.

到了媒体的广泛关注,松阳县政府成为主办单位,论坛名称也正式确定为"'田园松阳'全国艺术高校院长论坛"。以多年写生业务和四届院长论坛作为基础,再举办国际艺术展就显得顺理成章了,三者之间也形成了良好的互相促进关系,共同提高了松阳在艺术界的声誉。

2018年7月20日,第五届"田园松阳"全国艺术高校院长论坛在松阳举行。借此次论坛,松阳县推出了"艺术助推乡村振兴——百名艺术家入驻松阳乡村计划"(以下简称"百名艺术家计划")。该计划提出"打造100个乡村艺术家工作室、1个乡村书画艺术交流交易中心、1个乡村艺术展陈中心,旨在让更多的艺术家走进松阳乡村,以艺术之名带动乡村发展,真正建立主客共享共荣的乡村公共文化新空间"。论坛期间,松阳与62个艺术家工作室完成了签约。①

"百名艺术家计划"中的部分艺术家工作室,就是"拯救老屋行动"中修复的传统建筑。对这部分"老屋",政府对签约艺术家也有对公众开放的要求。这样的安排有利于解决老屋修复之后的使用和维护问题,也放大了传统建筑的公共属性和文化意义。"百名艺术家计划"启动之后,松阳的乡村艺术活动也变得更为活跃。仅在2019年上半年,就有两场在村里举办的艺术展。2019年2月的竹源乡后畬村国际艺术展,是松阳县推进"百名艺术家计划"之后的首个成果展,共展出34位国内外艺术家的油画、水彩、雕塑等100余件作品,其中的14位艺术家已经成为后畬村的新村民,在村里有了自己的工作室。②2019年4月,由邱少敏策划的"中国·松阳斗米岙当代艺术展"在叶村乡斗米岙村举办,来自5个国家的46位艺术家,带来了包含装置艺术、影像艺术、实验音乐、油画、雕塑等多个门类的300多件当代艺术作品。③后畬和斗米岙都是空心化程度比较高的山区村,也都属于国家级传统村落。举办这样的乡村艺术展,是在尝试通过艺术资源相对集中的投放,来实现最小干预下的古村落复兴。

---

① 万施昊. 百名艺术家将入驻松阳 [DB/OL].https://baijiahao.baidu.com/s?id=1606484335052383106&wfr=spider&for=pc,2018-07-20.
② 叶琳,郑来清. 我县举办首届中国松阳"后畬"艺术春季展 [DB/OL].http://syxww.zjol.com.cn/syxww/system/2019/02/26/031480625.shtml,2019-02-26.
③ 黄俊娴. 艺术乡建 如何走得更远:斗米岙村的当代艺术展 [N]. 美术报,2019-05-11(10).

2019年1月，美食家王翎芳和导演徐尧鹏夫妇来到松阳平田村。他们跟云上平田公司合作，共同运营爷爷家青旅的一楼咖啡厅。王翎芳用两个月时间，把60岁的村民鲍金红培养成了以面包烘焙而闻名的"网红阿姨"。当年8月，王、徐二位签约进入松阳的"百名艺术家"计划。他们的工作室——松阳美食研究室和乡村影视美学基地，也正式落户平田村。和多数签约艺术家每年只能小段时间待在松阳不同，王翎芳和徐尧鹏把一多半的时间都贡献给了他们在平田村的工作室（图15）。他们研发基于松阳本土元素的、又具有国际范儿的美食产品，还拍摄和制作反映松阳乡土文化的视频。他们招募了一批年轻人，一边作为员工共同参与工作室运营，一边作为学徒接受乡村美学生活培训。由于王、徐工作室的存在，平田村和松阳县又多了一处受文化界人士青睐的活力点。

松阳的艺术策略，不只收获了艺术家和艺术事件，还吸引了文化品牌。2018年6月，经过四年酝酿的先锋书店陈家铺平民书局开业。先锋书店被誉为"南京的文化地标"，老板钱小华自1996年创立该书店，经过20多年发展成为拥有十几家分店的大店号。互联网兴起之后，实体书店走向低潮，不少知名度高的书店都消失了。先锋书店虽然也经过夫子庙店的重大挫折，但是却凭借钱小华本人及其团队对"先锋"品牌和精神的坚持，熬过了寒冬，还成为深受南京市民喜爱、被文艺界高度认可的一个文化符号。先锋书店在南京获得成功之后，并没有向其他城市扩张，而是把目标投向了乡村，打算将乡村书店作为一个系列，在几年之内开到十家。这一看似有违市场常识的经营策略，实际上是让先锋书店保持了"先锋"的角色定位，拉开了它和其他书店的距离。

陈家铺平民书局，是先锋书店的第三家乡村分店。[①] 它可以说是为松阳县注入了一个强力文化因素，并且在相当程度上改变了四都乡以民宿度假为主的业态格局。张雷设计的平民书局，是用一个老礼堂改造的，坐落在村子向南伸出的山坡上，往前可以眺望整个山谷，往左可以尽览全村，往右则是满眼秀林茂竹。坐在这么一个书店里边看风景边读书，确实有一番特殊体验。

从院长论坛、艺术策展、百名艺术家进驻松阳乡村和先锋书店等已经出现的

---

① 前两家是2014年的安徽黟县碧山村的碧山书局和2015年的浙江桐庐县戴家山畲族村的云夕图书馆。

图 14 在松阳召开的首届城乡联系国际论坛
（作者摄于 2019 年 11 月）

图 15 王翎芳和徐尧鹏在平田村的工作室，正在举办一场小型的文化遗产国际研讨会
（作者摄于 2019 年 11 月）

艺术活动或事件看，能否实现在地化依然是个关键因素。院长论坛和艺术策展的聚集效应无可替代，在活动举办期间的宣传效应也很明显，确实可以提高松阳县在艺术界的声誉。但是说到跟本地村民发生深度的互动，或者是要为所在乡村提供持续性的影响，那就还是王（翎芳）徐（尧鹏）工作室和先锋书店这样的长期在地化机构更能发挥作用。

其实徐甜甜设计的大木山竹亭和横坑村竹林剧场（图16），似乎也更可以归入装置艺术而非建筑之列。相比于书画、摄影、雕塑等可移动的艺术品，装置艺术一般更具空间感，也更需要跟所在场地发生关联和互动。松阳未来的艺术策略，或许可以更多地往装置艺术方向努力。当然，艺术装置对设计者也提出了更高的要求，因为它一旦出现，对观者而言就属于一个"不得不看"的存在。

松阳县还开发了中国的首款城市字体——汉仪松阳体。世界上很多城市都有自己的字体，它是城市文化和城市品牌的一个组成部分。比如伦敦的 Johnston 字体，从1916年就启用了，具有很高的辨识度。汉字对中华文明的重要性毋庸置疑，但是令人遗憾的是，由于汉字的构成比较复杂，形成一种字体比由字母构成的英语要困难得多，以至于国内即使像北上广深这样的一线城市，也都没有属于自己的城市字体。设计师吴勇和汉仪字库团队在松阳县的一些老门牌上发现了一种"字形偏扁、字面饱满、宽博挺拔、稳重有力、大气敦厚但不笨拙、有直爽硬朗的宋黑体味道"的字体，于是萌生了开发首款中国城市字体的想法。在松阳县政府的支持下，设计团队搜集和分析了保留至今的松阳街道老门牌，以此为基础开发出了完整的汉仪松阳体字库（图17）。

松阳县还跟长期致力于抢救、保护和发扬中国民间传统文化的国际知名文化机构《汉声杂志》合作，编著了一本包含70多万字、1800多张图片的大厚书——《松阳传家：松阳乡土文化考察》。汉声杂志总策划黄永松先生带领团队，历时两年17次考察松阳，完成了这部"一个县的百科全书"。

### 4. 小结

松阳县在文化高地战略上所做的努力和尝试，对于整个传统村落保护发展领域都有着特别的启发意义。正如王峻书记在2019年10月出版的《松阳传家·序》中所说："最大的感悟是我们较为精准地抓住了'文化'这个根脉和核心，以文化

图 16　横坑村的竹林剧场（徐甜甜设计，作者自摄）

图 17　用松阳体制作的村名牌

资源的保护发展为切入点，系统推进生态修复、文化修复和人心修复。"①

截至目前，住房城乡建设部已经牵头评选出 6819 个中国传统村落，它们大多位于远离大城市的交通不便之处，尤其以山区居多。这些村落，景观虽属良好，却远不到极致，所以开展观光旅游业只能获得低流量；传统建筑虽然保留不少，但质量大多算不上精良，所以只能获得文物部门的少量支持。在此前提下，挖掘并确立具有差异性的文化定位，开展和尝试具有创造性的文艺策略，就成为绕开当下市场、实现弯道超车的可能路径。

## 四、结语

本文从古村战略、山地战略和文化高地战略这三条线索来论述了松阳县近年来的村落保护和乡村振兴事业。这三条线索关注的主体其实只有一个，那就是以山区古村落为主，加上平原区若干个古村镇的松阳文化资源。三条线索，同时也是三个属性。笔者认为，松阳县这些年的村落保护和乡村振兴事业之所以做得有成效，就是由于认识到同一个主体具有不同的属性，而不同的属性又有不同的潜力，从而也对应了不同的发展策略。

古村战略着重的是松阳文化资源的文化遗产属性。松阳县从"旧村改造"转向"古村保护"，最直接的原因是当地干部和文化界人士的文化自觉与理性反思。村落是由一栋栋房屋组成，其中有破旧的老民居，也有新建的小洋楼。老民居确实有年久失修、结构不够牢固、不适应现代化生活的诸多缺点，但是眼看着它们被拆除，也会感觉到故国家园被连根拔起的彻骨心痛。这种由心痛而引发的反思和觉醒，在全国乃至全世界范围内都具有普遍性，只是时机和程度有所不同，是否有实际行动也因国、因地而异。松阳县的可贵之处，是在没有上级部门支持的时候就主动迈出了保护的第一步。也正是在松阳县干部们转变观念之时，住房城乡建设部等国家部门在冯骥才先生的倡议下发起了中国传统村落的大规模评选活动。这代表着政府高层对中国作为全世界最大农耕国家的文化遗产的认识水平，达到了一个新的高度。松阳古村落作为见证农耕文明的文化遗产，正好跟高层部

---

① 松阳县人民政府，汉声编辑室.松阳传家：松阳乡土文化考察[M].桂林：广西师范大学出版社，2019.

门的遗产认识和政策产生了同步互动。作为地方的松阳，因为积极探索而获得了来自国家部门的、力度比较大的支持。而作为国家部门的住房城乡建设部和国家文物局（由中国文物基金会作为其代表），则从松阳的地方实践中获得了可贵的方法、经验和示范效应。

山地战略着重的是松阳山区的景观属性和生态属性。景观属性最初的体现是摄影，继而是写生，这两种业态基本上属于民间自发，当地政府并未有太多介入。在松阳县将古村保护作为重大举措之后，传统民居的改造利用和功能提升就成为当务之急。此时，兴起于莫干山的民宿业，就成为解决该问题的一个可能途径。在当地政府的主动引导下，松阳的第一批民宿主要在沿坑岭头、西坑、平田等山地古村出现。这些民宿也通过对松阳山地景观资源进行选择性和针对性的挖掘与放大，获得了良好的市场效应和社会效应。不过，松阳县政府很快就意识到了民宿业的局限，在保持民宿业支持政策的同时，开始将重心转向培育本地、本村的人才。松阳山地的生态属性，也在此时成为县政府着力开拓的方向。最能直接体现山地生态属性的东西就是农产品，所以松阳县领导亲自去拜访了全息自然农法的倡导者何以兴农，邀请他来松阳对县内多个村庄的农业合作社进行长期和持续的指导。中国古村落大多是基于农耕产业而形成的社区，在现代社会如果能实现古村落保护基于村民回归农业而不是依赖旅游业，将会是一件具有重大意义的创举。

文化高地战略着重的是文化属性。文化属性这个词，含义比较宽泛，对松阳而言它主要就是指文化定位和文艺策略。文化定位，就是对已有资源做出简洁明确的、能体现地方特征的、具有文化高度的概括与归纳。松阳县的三张文化名片，各有侧重，适用范围也有所不同，目前来看还没办法统一成一张名片，好在它们基本上都做到了以上三方面的要求，所以能起到文化引领作用。文艺策略，就是基于文化定位而做出的策略性选择，包括设计项目的确立、设计师的选择、文化品牌的引入、艺术事件的策划等等。这些项目和事件的作用，是让松阳在保持其文化定位的前提下，展现出具有想象力的、超越于当下的未来图景。

经过几年的探索，松阳县围绕村落保护和乡村振兴而形成的三大战略，已经显露出比较清晰的构架，其成效也得到了多方认可。2018 年 11 月新华社的一篇报道指出，近两年松阳县常住人口增加了近 5000 人，全县四分之一的村庄植入了新型业态。① 根据 2019 年松阳县人民政府工作报告，2018 年松阳实现农村居民人均可支配收入 17546 元，增长 10.3%；实现旅游收入 41.9 亿元，增长 46.3%，增幅居全市第一；新增民宿床位 819 张，累计达 4651 张，民宿营业收入 1.6 亿元，增长 26%。② 然而，我们也必须清醒地认识到，松阳的工作现在说成功依然为时过早。王峻书记在为《松阳传家》撰写的序言里就坦承，目前只是"初步找到了一条文化引领区域振兴的发展道路"，在接受黄永松先生的采访时他更是表达出了"松阳现在是最危险的时刻"的忧患意识。③

松阳县近年来还提出了"推动中医药事业发展、打造中医药复兴地"的发展目标。这一目标有唐代著名道士叶法善④作为历史依据，也有良好的山区生态环境作为现实依据，还符合当下中国社会发展的时代趋势，所以它是兼有山地战略和文化高地战略的一项举措。尽管目前来看成效还不是十分显著，但是只要坚持上几年，再结合已经在年年举办的自行车公开赛、半程马拉松赛等体育赛事，有可能发展成为三大战略之外的第四大战略——康养战略。

笔者在 2015 年发表的《村落保护：关键在于激活人心》一文中，提出了村落保护的"足球队"比喻——村落保护如同一支足球队的共同协作：划定保护区、制订保护措施是后卫，遏制住破坏势头；改善基础设施和完善景观面貌是中场，为发展做准备；几个好的改造案例是前锋，只靠防守终究要输球，前锋进球才能最终赢得比赛。⑤ 松阳县的三大战略也大致上符合这个"足球队"比喻，古村战略是后卫，山地战略如中场，文化高低战略就好比前锋。攻守平衡，乃获胜之道。

---

① 方向禹.  "活态保护、有机发展"：浙江"唤醒"沉睡乡村 [DB/OL].https://baijiahao.baidu.com/s?id=1616641858523061429&wfr=spider&for=pc.
② 李汉勤.松阳县 2019 年政府工作报告 [R/OL].http://www.songyang.gov.cn/zwgk_42546/xxgk/00266401_1/03/0303/201904/t20190411_3695157.html.
③ 松阳县人民政府，汉声编辑室.松阳传家：松阳乡土文化考察[M].桂林：广西师范大学出版社，2019.
④ 叶法善，松阳人，据传活到 105 岁，晚年在松阳的卯山修炼。
⑤ 罗德胤.传统村落：关键在于激活人心[J].新建筑，2015（01）：23-27.

## 参考文献

[1] 蔡卫民，郑功帅，李梅香. 浙江省松阳县旧村改造"改"出新农村 [J]. 城乡建设，2009 (08)：52-54.

[2] 施建刚，魏铭材. 计划管理下的土地整理折抵指标有偿调剂研究：以浙江省为例 [J]. 农村经济, 2011 (04)：40-43.

[3] 叶军龙，林荣华. 松阳县旧村改造纪实 [J]. 浙江国土资源, 2012 (01)：33-36.

[4] 鲁晓敏，叶高兴，等. 瓯江上游：一片残存的江南田园 [J]. 中国国家地理, 2013 (04)：50-62.

[5] 徐甜甜，张龙潇，黎林欣，等. 茶园竹亭 [J]. 城市环境设计, 2015 (04)：153-159.

[6] 罗德胤. 村落保护：关键在于激活人心 [J]. 新建筑, 2015, 000 (001)：23-27.

[7] 罗德胤. 在松阳感悟"古典中国" [J]. 瞭望, 2015 (43)：57-59.

[8] 徐甜甜. 松阳樟溪红糖工坊 [J]. 建筑学报, 2017 (04)：49-51.

[9] 王维仁. 松阳双村记：空间针灸与城乡建构 [J]. 建筑技艺, 2017 (08)：14-23.

[10] 支文军，何润. 乡村变迁：徐甜甜的松阳实践 [J]. 时代建筑, 2018 (04)：156-163.

[11] 孙娜. 平田村的新生 [J]. 城市住宅, 2018, 025 (003)：13-20.

[12] 贺勇. 源于土地与日常生活的诗意建造：蔡宅豆腐工坊与横樟油茶工坊 [J]. 时代建筑, 2019 (01)：60-69.

[13] 蔡丽. 打造"田园松阳"的路径选择 [J]. 浙江经济, 2013 (19)：54.

[14] 何以兴农. 全息自然农法实践 [M]. 北京：中国农业科学技术出版社, 2014.

[15] 何以兴农. 全息自然农法在松阳 [M]. 北京：中国农业科学技术出版社, 2019.

[16] 松阳县人民政府，汉声编辑室. 松阳传家：松阳乡土文化考察 [M]. 桂林：广西师范大学出版社, 2019.

[17] 王峻. 浙江松阳：构建四个体系，打造"中医药复兴地" [N]. 中国中医药报, 2019-4-18 (3)．

[18] 李韵. 拯救老屋，行动！[N]. 光明日报, 2016-04-15 (09)．

[19] 阮春生，孙丽雅. 松阳茶叶全产业链产值突破百亿 [OL]. http://www.moa.gov.cn/xw/qg/201805/t20180529_6147624.htm.

[20] 祝梅.高山水稻：一个村的"两美"实践[N].浙江日报，http：//zjrb.zjol.com.cn/html/2015-12/03/content_2931060.htm？div=-1, 2015-12-04.

[21] 黄俊娴.艺术乡建如何走得更远：斗米岙村的当代艺术展[N].美术报，2019-05-11 (10) .

[22] 松阳县人民政府.关于印发松阳县古市镇城区旧城改造实施办法的通知：〔2009〕31号[R].

[23] 中共松阳县委.中共松阳县委松阳县人民政府关于加强历史文化村落保护利用，打造"松阳古村落"品牌的实施意见：〔2013〕39号[R].

[24] 李汉勤.松阳县2019年政府工作报告[R/OL]. http://www.zjcounty.com/news/15184.html.

[25] 詹洁，李君洁.柿子为什么这样红：松阳县沿坑岭头村"柿子红了"民居改造记[DB/OL]."传统村落"公众号, 2015-08-14.

[26] 万宇.首届联合国人居大会与会专家：中国城镇化先进经验为世界提供借鉴[DB/OL].http：//www.scio.gov.cn/37259/Document/1655791/1655791.htm, 2019-05-31.

[27] 松阳县委县政府.松阳县旧村改造工作情况[DB/OL].http：//syxww.zjol.com.cn/syxww/system/2010/06/28/012305832_03.shtml, 2010-06-28.

[28] 占莉敏."千年古县，田园松阳"[DB/OL].http：//syxww.zjol.com.cn/syxww/system/2010/06/10/012237491.shtml, 2010-06-28.

[29] 史春波."老屋拯救行动"为何首选松阳[DB/OL].http：//yq.zjol.com.cn/yqjd/201803/t20180329_6908285.shtml, 2018-03-29.

[30] 新松阳采编中心.岁月留痕见证时代飞跃：松阳本土摄影家毛进军的光影生涯[DB/OL].https：//www.sohu.com/a/251948599_823255, 2018-09-04.

[31] 佚名.松阳"半岭模式"探索乡村振兴新路：整屋租赁，"空心村"迎来新机遇[DB/OL].http：//www.moa.gov.cn/xw/qg/201911/t20191122_6332285.htm, 2019-11-22.

[32] 田颖，朱晟.中国乡村振兴故事亮相德国建筑论坛[DB/OL].https://baijiahao.baidu.com/s?id=1595170548504625468&wfr=spider&for=pc.

[33] 刘方，孙潇娜.联合国在浙江松阳举办首届城乡联系国际论坛[DB/OL].https：//zj.zjol.com.cn/news.html？id=1326504.

[34] 万施昊.百名艺术家将入驻松阳[DB/OL].https://baijiahao.baidu.com/s？id=1606484335052383106&wfr=spider&for=pc，2018-07-2.

[35] 叶琳，郑来清.我县举办首届中国松阳"后畲"艺术春季展[DB/OL].http：//syxww.zjol.com.cn/syxww/system/2019/02/26/031480625.shtml，2019-02-26.

[36] 方问禹."活态保护、有机发展"：浙江"唤醒"沉睡乡村[DB/OL].https://baijiahao.baidu.com/s?id=1616641858523061429&wfr=spider&for=pc.